성공의 사닥다리

장경동 목사 저

성공의 사닥다리

- 초판 1쇄 발행 2007년 6월 25일
- 초판 2쇄 발행 2007년 8월 30일

- 지은이 장경동
- 펴낸이 정종현
- 펴낸곳 도서출판 누가

- 등록번호
- 등록일자
- 서울시 동작구 상도2동 186-7
- 전화(02)826-8802 팩스(02)825-0079

- 정가 10,000원
- ISBN 978-89-89344-01-8 03230

- 독자의 의견을 기다립니다
- Lukevision@hanmail.net

Success

장경동 목사의 힘을 담은 설교모음 1

성공의 사닥다리

참된 신앙은 머리로 믿고 머리에서 머무는 추상적 사유가 아니라 삶 가운데 구체적으로 드러나는 행실이요 현실이어야만 합니다.

신앙인들도 세상 사람들과 똑같이 이 땅을 밟고 살아갑니다. 겉으로만 본다면 다를 것이 없습니다. 그러나 신앙인들의 삶을 움직이는 근원은 세상 사람들과 분명 다릅니다. 신앙인들의 삶을 움직이는 근원은 바로 하나님의 말씀, 성경입니다.

성경에는 구원 받아 천국 가는 길은 물론 이 땅에서 형통하는 방법, 소위 성공하는 방법까지도 세세히 기록되어 있습니다. 다른 사람과 어떠한 관계를 맺어야 하는지, 사회와 문화·물질을 어떠한 시선으로 바라봐야 하는지, 해야 할 말과 피해야 할 말은 무엇인지, 마음가짐과 몸가짐과 행동거지는 어떠해야 하는지 말씀하십니다. 뿐만 아니라 건강한 신앙은 건강한 육체와도 긴밀하게 연결되어 있습니다.

삶의 영역 그 무엇 하나도 빠뜨리지 않는 하나님의 명령을 준행할 때 더 이상 성공을 좇는 것이 아니라 성공이 따라올 수밖에 없는 인생이 될 것입니다.

우리의 믿음이 머리에서 이해되는 지식으로 머문다면 더 이상 아무런 힘도 지니지 못한 종교철학에 그치고 맙니다. 하지만 삶의 모든 영역을 두루 통과할 때 우리의 믿음은 놀라운 힘의 중심이 될 것입니다.

삶이 무력합니까? 먼저 자신의 믿음과 신앙을 돌아보십시오.

말씀의 검이 우리의 삶 한 가운데 들어와서 빈틈없이 삶을 바꾸고, 바르게 고치기를 바랍니다. 이 책을 읽는 분들이 하나님의 승리의 약속, 형통의 약속, 성공의 약속을 경험하기를 기도합니다.

장경동 목사

차례

성공

내가 주 안에서 크게 기뻐함은 너희가 나를 생각하던 것이 이제 다시 싹이 남이니 너희가 또한 이를 위하여 생각은 하였으나 기회가 없었느니라 내가 궁핍하므로 말하는 것이 아니라 어떠한 형편에든지 내가 자족하기를 배웠노니 내가 비천에 처할 줄도 알고 풍부에 처할 줄도 알아 모든 일에 배부르며 배고픔과 풍부와 궁핍에도 일체의 비결을 배웠노라 내게 능력 주시는 자 안에서 내가 모든 것을 할 수 있느니라(빌 4:10-13)

　성공은 이룰 성(成)과 공 공(功)이 만나서 이루어진 단어입니다. 성공이란 '목적(目的)을 이룸, 뜻을 이룸, 낮은 데서 몸을 일으켜 크게 됨, 사회적인 지위를 얻음' 과 같은 뜻을 가지고 있습니다. 성공의 반대는 실패 아닙니까? 잃을 실(失) 패할 패(敗)가 만나 이루어진 실패는 일을 잘못하여 그르침을 뜻합니다.

　그런데 미리 짚고 넘어가야 할 것은 하나님의 말씀인 성경에는 '성공' 이라는 단어가 많이 나오지 않습니다. 제가 조사한 바에 의하면 딱 한번 등장합니다.

무딘 철 연장 날을 갈지 아니하면 힘이 더 드느니라 오직 지혜는

성공하기에 유익하니라(전 10:10)

이 두꺼운 성경책 가운데 '성공' 이라는 단어는 단 한번밖에 나오지 않습니다. 그렇다면 성경에서는 성공 대신에 무슨 말이 사용되었는지 아십니까? '승리' 입니다.

성공의 반대는 실패입니다. 하지만 승리의 반대는 패배입니다. 승리는 겨루어서 이기는 것이고, 패배는 싸움에서는 지는 것입니다. 즉 세상은 성공하느냐, 실패하느냐를 문제 삼지만 믿는 자들은 승리하느냐, 패배하느냐를 더욱 중요하게 생각합니다.

에덴동산의 첫 사람 아담은 실패한 사람이 아니라 패배한 사람입니다. 또 둘째 아담 되시는 예수님도 성공한 사람이 아니라 승리하신 분입니다. 이처럼 세상 용어로는 성공과 실패이지만 믿음의 용어로는 승리와 패배입니다. 우리의 삶에도 큰 승리가 있기를 바랍니다.

우리의 씨름은 혈과 육에 대한 것이 아니요 정사와 권세와 이 어

두움의 세상 주관자들과 하늘에 있는 악의 영들에게 대함이라(엡

6:12)

성공자들의 일곱 가지 공통점

날마다 통계가 바뀌기 때문에 지금은 달라졌을지도 모르지만,

한 언론사 통계에 의하면 얼마 전까지만 하더라도 우리나라 봉급 생활자 중 연봉이 1억이 넘는 사람이 약 7천 명이라고 합니다. 우리나라의 전체 봉급자는 7백만 명입니다. 즉 천 명 가운데 한 명이 연봉 1억이 넘는다는 것입니다.

사실 사업을 해서 1년에 1억을 벌기란 그렇게 어렵지 않습니다. 그 이상도 얼마든지 벌 수 있습니다. 그런데 연봉이 1억을 넘는다는 것은 굉장히 훌륭한 것입니다. 정말 쉽지 않습니다.

이 7천 명의 사람들을 대상으로 조사를 해보니까 7가지 공통점이 나왔습니다. 이 7가지 공통점들을 함께 나눔으로 우리의 삶에도 커다란 도움이 되기를 바랍니다.

행복한 가정

첫 번째로 성공한 사람들의 공통점이 무엇일 것이라고 생각하십니까? 많은 사람들은 '근면', '성실' 이런 것들이 아니겠는가 추측할 것입니다. 하지만 결과는 그렇지 않았습니다. 저 역시 조사된 통계를 보고 얼마나 놀랐는지 모릅니다.

그들의 첫 번째 공통점은 '모두 행복한 가정을 가진 사람들' 이었다는 것입니다. 돈을 잘 벌어야 행복한 가정이 됩니까? 아니면 행복한 가정이 되어야 돈을 많이 법니까?

이 둘 가운데 어느 것이 먼저입니까? 그것은 중요하지 않습니다. 어찌 되었든 이 정도로 가정의 행복이 중요합니다. 이것은 비단 성공한 사람의 특징만은 아닙니다. 믿음의 사람의 특징 역시 가정이 행복하라는 것입니다. 기억하십시오. 행복한 가정은 성공의 결과가 아니라 성공의 조건입니다.

　세상 사람들도 가정이 즐겁고 평안해야 만사가 잘 된다고 하면서 '가화만사성'을 말하지 않습니까? 성공해야 행복할 것이라고 생각하지 마십시오. 행복해야 성공합니다.

　아브라함, 이삭, 야곱… 이들은 모두 행복한 가정의 가장들이었습니다. 물론 그렇다고 해서 그들의 가정에 문제가 전혀 없었던 것은 아닙니다. 그들의 가정에도 여전히 문제는 있었습니다. 아브라함을 생각해 봅시다. 살림 기반을 닦고 안정되게 살려고 하는데 무작정 다짜고짜 하나님께서 떠나라고 합니다. 이 말씀에 순종하고 떠납니다. 순종하고 떠났다고 해서 항상 좋은 일만 있었던 것도 아닙니다. 기근도 만나고, 전쟁도 치르고, 심지어는 아내까지 빼앗기는 어려움을 겪게 됩니다. 하지만 아브라함은 그런 어려움들을 믿음으로 이겨냅니다.

　많은 사람들은 믿음이 없어서 어려운 것이라고 말합니다. 물론 믿음이 없기 때문에 어려울 수도 있습니다. 하지만 믿음이 있어도 얼마든지 어려울 수 있습니다. 단, 믿음이 있는 자는 믿음으로 어려움을 이겨갑니다.

　이삭도 부인을 빼앗기는 어려움과 기근의 어려움을 겪습니다. 하지만 이겨나갑니다. 야곱도 사랑하는 아내를 잃습니다. 하지만 낙심하지 아니하고, 좌절하지 아니하고 믿음으로 모두 이겨냈습니다. 어떤 어려움이 있을지라도 가정의 행복을 지켜내십시오. 행복한 가정이 남자의 사기를 세워주고 직장에서 성공할 수 있게 합니다.

아내들은 가정의 마지막 보루입니다. 아내들은 가정의 마지막 희망입니다. 아내가 무너지면 가정은 무너집니다. 아내의 자리가 그만큼 중요합니다. 남편이 잘못되어도 아내만 정신 차리면 그 가정은 힘들게나마 살아갑니다. 하지만 아내가 정신을 차리지 못하면 그 집안은 무너지고 맙니다.

롯의 가정을 보십시오. 불행한 가정의 대표적인 예 아닙니까? 롯의 두 딸을 보십시오. 사실 롯의 처만 있었다면 아무리 소돔 고모라에서 재산은 잃어버렸을지라도 가정만은 지켰을 것입니다. 하지만 롯의 처가 소금 기둥이 되어버리니까 롯의 두 딸이 무슨 일을 저지릅니까? 아버지와 동침합니다. 그렇게 해서 암몬과 모압 족속을 만들어냈고 그들이 지금까지도 이스라엘 대대로 원수 나라를 만들어놓고 있지 않습니까?

엘리 제사장의 가정 역시 무너진 가정의 예입니다. 엘리 제사장에게 있어 결정적인 문제는 아내의 역할이 없었다는 것입니다. 엘리 제사장의 가정에도 믿음이 좋은 아내만 있었다면 그 가정은 살아났을 것이고 그들의 자식들도 그렇게 죽지 않았을 것입니다.

역으로 말하자면 이 나라가 무너져가는 것은 여자들이 무너져가고 있기 때문입니다. 이 나라가 어려워지는 것 역시 여자들이 어려워져가고있기 때문입니다.

그렇다고 해서 가정의 행복에 남편의 역할이 없다는 것은 아닙니다. 남자들, 남편들의 역할도 참으로 중요합니다. 하지만 그보다 훨씬 더 여자들의 자리, 아내들의 역할이 중요합니다.

잃지 않는 꿈

두 번째 성공한 사람들의 공통점은 꿈을 잃지 않았다는 것입니다. 성경은 꿈이 없는 백성은 망한다고 말씀하십니다. 이 말을 축소시키면 꿈이 없는 사람은 망한다는 것입니다. 하나님은 사람들에게 꿈과 비전과 소원을 주셨으며 그것들을 통하여 역사하십니다.

나는 꿈을 꾸지만 꿈은 나를 이끌어가기에 꿈에서 그 사람의 에너지가 나옵니다. 여러분을 흥분시킬 꿈, 자다가도 그것만 생각하면 벌떡 일어나서 일하고 싶어지는 꿈이 있습니까?

사람들에게는 꿈이 가득 차 있어야 합니다. 재주가 많아서 성공하는 것이 아니라, 다만 목적을 따라서 열심히 일했기 때문에 성공했음을 알아야 합니다. 나를 흥분시킬 수 있는 꿈, 나로 하여금 한없는 에너지를 창출시킬 수 있는 꿈이 있어야 합니다.

교회의 중요한 역할 가운데 하나가 무엇입니까? 꿈을 심어주는 장소입니다. 설교가 무엇입니까? 꿈을 파는 것입니다. 말씀을 통해서 꿈을 사십시오.

자신을 업그레이드

세 번째, 성공한 사람들의 공통점은 자신을 항상 업그레이드시켰다는 겁니다. 정지는 그 자리에 가만히 있는 것이 아니라 퇴보입니다. 남들이나 세상은 계속 발전해가고 있는데 자신은 가만히 있다면 그것은 정지가 아니라 자꾸만 뒤로 퇴보하고 있는 것입니다.

스스로를 업그레이드하기 원하십니까? 무엇보다 먼저 책을 읽어서 실력을 쌓으십시오. 우리는 너무 책을 읽지 않습니다. 계속 공부하여서 실력을 쌓으십시오. 계속 돈을 저축하십시오. 계속 인맥을 늘이십시오. 즉 사귀는 사람의 폭과 질을 높이라는 것입니다.

성공하는 사람들의 주변에는 좋은 사람이 많습니다. 목회 잘하는 목사님들을 보더라도 주변에 좋은 친구들이 많습니다. 특히 우리나라는 법보다 친구가 우선인 듯 합니다. 물론 그것이 옳다는 말은 아닙니다. 하지만 그만큼 친구가 중요합니다.

실패를 두려워하지 않음

네 번째, 성공한 사람들의 공통점은 실패를 두려워하지 않는다는 것입니다. 말은 쉽지만 사실 우리의 삶의 한 가운데서는 정말 적용하기 쉽지 않은 일입니다. 야곱은 외삼촌 라반이 품삯을 열 번이나 바꾸고 속일지라도 그만 두거나 포기하지 않고 자신의 목적을 이룰 때까지 끝까지 견뎠습니다.

누구나 고비는 있습니다. 고비는 이겨내라고 있는 것이지 그만두라고 있는 것이 아닙니다. 실패는 이겨내라고 있는 것이지 포기하라고 있는 것이 아닙니다.

다독

다섯 번째, 성공한 사람들의 공통점은 한달에 적어도 다섯 권 이상의 책을 읽었습니다. 책은 한번 읽기 시작하면 계속 꾸준히 읽게 되지만 안 보기 시작하면 1년에 1권 읽는 것도 어렵습니다.

사실 우리나라 사람들은 세계적으로도 책 읽지 않기로 유명합니다. 그저 보는 것이 있다면 텔레비전이 전부입니다. 텔레비전이 마땅치 않으면 그 다음에는 비디오를 빌려서 봅니다.

책을 많이 읽으십시오. 책보다 좋은 것은 없습니다. 왜 책이 좋습니까? 책에는 한 사람의 인생이 고스란히 들어있기 때문입니다. 그러니까 책 한 권을 읽으면 저자의 일평생을 읽은 것이나 마찬가지입니다. 한 인생을 몇 시간만에 경험할 수 있으니 책이 얼마나 귀합니까?

예수 믿는다는 것이 얼마나 좋은지 아십니까? 성도들은 교회에 와서 듣기만 하면 되지만 사실 목사는 다릅니다. 목사님들은 예배 시간에 가만히 있다가 가는 것이 아닙니다. 그래서 저 역시 부흥회에 갈 때 20~30권의 책을 짊어지고 갑니다. 그렇게 읽은 책 가운데에서 좋은 내용들을 추려서 설교에 적용하기 위해서입니다.

위기는 정면으로 돌파함

여섯 번째, 성공하는 사람들의 공통점은 그들은 위기가 오면 정면으로 돌파한다는 점입니다. 위기가 닥쳤습니까? 두려워하거나 돌아가거나 피하지 마십시오. 담대히 전진하십시오. 담대하게 붙으십시오. 알고 보면 오히려 그것이 더 쉽습니다. 정면으로 돌파하십시오. 어렵다고 피하거나 달아나지 말고 정면으로 돌파하십시오.

모세의 인생을 보십시다. 그의 인생 가운데에서 홍해 바다라는 위기가 왔습니다. 하지만 모세는 돌아가지 않았습니다. 지팡이를 내밀어 정면으로 길을 만들어 나갔습니다. 반석이 앞에 있을 때에도 그 반석을 쳐서 물을 내서 마셨습니다. 아말렉과의 위기에서도 도망가지 않고 당당하게 손을 들고 기도로 싸워 이겨냈습니다. 성공한 사람들은 하나같이 문제 앞에서 정면으로 돌파했습니다.

자신감

일곱 번째, 성공하는 사람들의 공통점은 항상 자신감을 가지고 살았다는 것입니다.

> 내가 궁핍하므로 말하는 것이 아니라 어떠한 형편에든지 내가 자족하기를 배웠노니 내게 능력 주시는 자 안에서 내가 모든 것을 할 수 있느니라(11절)

사도 바울의 마음속에는 항상 자신감이 넘쳤습니다. 어려움 속에서도 풍요로움 속에서도 충분히 살아갈 수 있는 삶의 비결을 배웠다는 자신감이 있습니다. 고생도 자신 있고 축복도 자신 있다는 것입니다. 그런데 대부분의 사람들은 고생은 자신 있는데 축복이 자신 없거나 축복은 자신 있는데 고생이 자신 없습니다.

무슨 말입니까? 빌립보교회가 사도 바울을 도와줬습니다. 돕다가 무슨 이유 때문인지 빌립보교회의 도움이 끊어졌습니다. 그러니 그 동안 보내주던 선교비가 더 이상 오지 않는 것입니다. 그로 인하여 바울이 상당히 어렵게 되었습니다. 그런데 그들이 이제 다시 자신을 도와야겠다는 생각을 하니 기쁘다는 것입니다. 하지만 이것은 자신의 어려운 형편이 어렵기 때문에 이야기하는 것이 아니라고 합니다. 그들이 도와줘도, 도와주지 않을지라도 자신은 삶에 대한 일체의 비결을 배웠다고 합니다. 어려움 속에서도 풍요로움 속에서도 삶의 비결을 배웠다고 합니다.

자신감은 성공에 있어 무엇보다 중요한 열쇠입니다. 노래를 부를 때에도 자신 있게 부르십시오. 운동을 하더라도 자신 있게 하십시오. 전쟁을 하더라도 자신 있게 하십시오. 설교를 해도 자신 있게 하십시오. 뭐든지 자신 있게 하십시오. 이렇게 자신감으로 살아가는 사람들은 항상 내일이 궁금합니다.

성공 후 패배인가, 성공 후 승리인가?

아주 중요한 것이 하나 더 있습니다. 성공했다고 해서 다 승리한 것은 아니라는 것입니다. 성공해 놓고 패배하는 사람들이 얼마나 많은지 모릅니다. 성공하고 끝나면 안 됩니다. 성공했다면 반드시 승리까지 나아가야 합니다.

사울 왕은 성공한 사람 아닙니까? 시골촌놈이 왕의 자리까지 올랐으니 분명 성공한 사람입니다. 다윗 왕도 성공한 사람입니다. 목동이 왕이 되었으니 엄청나게 성공했습니다. 그런데 이 두 사람의 다른 점이 있습니다. 사울 왕은 성공은 했으나 패배한 사람이고,

다윗은 성공한 후 승리까지 이룬 사람입니다. 그것이 크리스천과 세상 사람과 다른 점입니다. 세상 사람은 성공만 하면 됩니다. 하지만 우리들은 승리까지 해야 합니다.

성공한 후 승리까지 나아가려면 어떻게 해야 합니까?

기쁨이 있는 성공

첫 번째, 성공 속에 반드시 기쁨이 있어야 승리입니다. 돈은 벌었는데도 여전히 기쁨이 없는 사람들이 있습니다.

'아 돈도 귀찮다. 처자식도 귀찮다. 신랑도 귀찮다. 인생이 뭐냐?'라고 생각한다면 성공은 했을지 모르지만 분명 그의 인생은 패배입니다. 성공 속에는 반드시 기쁨이 있어야 합니다.

내가 주 안에서 크게 기뻐함은(10절)

기쁨을 우습게 보지 마십시오. 기쁨은 웃음이 아닙니다. 우리가 반드시 구별해야 할 것은 기쁨은 본질이지만, 웃음은 현상이라는 겁니다. 주님은 항상 기쁜 분이셨지만 항상 웃는 분은 아니셨습니다. 주님은 우리에게 웃음을 주신 적은 없습니다. 대신 항상 기쁨을 주셨습니다.

항상 기뻐하라(살전 5:16)

항상 웃으라고 하지 않았음에 주목하십시오. 여러분 속에 참된 기쁨이 있습니까? 아니면 그냥 웃음만 있습니까? 기쁨의 본질 속에서 나오는 웃음만이 귀한 것입니다. 성공도 해야 합니다. 하지만 그 후에는 반드시 기쁨으로 승리하는 삶이 되어야 합니다.

자족이 있는 성공

두 번째, 성공 속에 자족이 있을 때 승리가 됩니다. 연봉이 1억이 아니라 10억이 되어도 자족하지 않는다면 불행합니다. 현대인의 비극이 무엇입니까? 어려움입니까? 아닙니다. 자족할 줄을 모르는 것입니다. 징징대지 말고 자족하십시오.

> 그러나 자족하는 마음이 있으면 경건이 큰 이익이 되느니라 우리가 세상에 아무것도 가지고 온 것이 없으매 또한 아무 것도 가지고 가지 못하리니 우리가 먹을 것과 입을 것이 있은즉 족한 줄로 알 것이니라(딤전 6:6)

주 안에서 승리

세 번째, 주 안에서 모든 것을 할 수 있으니 승리입니다. 하지만 모든 것을 할 수 있다고 해서 모두 해도 된다는 것은 아닙니다.

> 모든 것이 가하나 모든 것이 유익한 것이 아니요 모든 것이 가하나 모든 것이 덕을 세우는 것이 아니니(고전 10:23)

그렇습니다. 무엇이든지 할 수는 있습니다. 그러나 주 안에서 해야 됩니다. 인간의 모든 승리는 주 안에 있을 때 주 안에서 이루어집니다.

주 안에 있는 나에게 딴 근심 있으랴
십자가 밑에 나아가 내 짐을 풀었네
그 두려움이 변하여 내 기도 되었고
전날의 한숨 변하여 내 노래 되었네
주님을 찬송하면서 할렐루야 할렐루야
내 앞길 멀고 험해도 나 주님만 따라가리
(찬송가 455장)

주 안에서 성공하시기를 바랍니다. 성공에서 더 나아가서 참된 승리의 인생이 되기를 바랍니다.

건강

아담에게 이르시되 네가 네 아내의 말을 듣고 내가 너더러 먹지 말라 한 나무 실과를 먹었은즉 땅은 너로 인하여 저주를 받고 너는 종신토록 수고하여야 그 소산을 먹으리라 땅이 네게 가시덤불과 엉겅퀴를 낼 것이라 너의 먹을 것은 밭의 채소인즉 네가 얼굴에 땀이 흘러야 식물을 먹고 필경은 흙으로 돌아가리니 그 속에서 네가 취함을 입었음이라 너는 흙이니 흙으로 돌아갈 것이니라 하시니라(창 3:17-19)

　　본문을 읽으면서 무엇이 느껴집니까? 아담을 향한 저주 즉 종일 땀을 흘려 수고해야 먹고 살 수 있다는 것을 느끼는 사람도 있을 것입니다. 또 어떤 사람은 채소를 먹고 살아야 된다는 것을 느낄 것입니다. '너는 흙이니 흙으로 돌아갈 것이니라' 라는 말씀을 통하여 죽음을 느끼는 사람도 있을 것입니다. 그런데 저는 본문을 묵상하는 가운데 하나님의 사랑, 하나님의 축복, 하나님이 우리에게 부여해주신 건강을 깨닫게 되었습니다.

본문에는 저주가 흐르는 듯하지만 저주를 말하고자 함이 아니며, 본문에는 죽음이 흐르는 듯하지만 죽음을 말하고자 함도 아니고, 인간을 향한 하나님의 사랑과 건강의 원리로 가득함을 깨달았기에 함께 나누고자 합니다. 인간의 모든 건강의 원리가 본문 속에 감추어져 있습니다.

건강(健康)은 건강 건(健)자와 평안 강(康)자가 만나 이루어진 단어입니다. 건강(health)이란 '정신적으로나 육체적으로 아무 탈이 없고 튼튼한 상태'를 뜻합니다. 예로부터 돈을 잃은 것은 조금 잃은 것이고, 명예를 잃은 것은 조금 많이 잃은 것이며, 건강을 잃은 것은 모두를 잃은 것이라는 말이 있습니다. 그런데 제가 볼 때 이것은 의사들의 이야기이고 목사인 저는 한 단계 더 높여서 말하곤 합니다.

'믿음을 잃어버린 자는 끝난 것이다.'

어찌 되었든 돈보다는 명예가, 명예보다는 건강이 더 중요합니다. 하나님 역시 우리들이 건강하기를 진심으로 원하십니다. 즉 건강하게 사는 것은 하나님의 뜻입니다.

가장 큰 불효가 무엇입니까? 부모님 앞에서 아픈 것이고 그보다 더 큰 불효는 부모보다 앞서 죽는 것입니다. 나아가 생각하자면 건강하지 못한 것은 신앙생활을 잘못하는 것이고 건강한 것은 신앙생활을 잘하는 겁니다.

사랑하는 자여 네 영혼이 잘됨같이 네가 범사에 잘되고 강건하기

를 내가 간구하노라(요삼 1:2)

세계에서 가장 큰 교회가 이 말씀을 중심으로 세워졌습니다. 이 성경구절을 강조하면 때로는 기복신앙이라고 비판하는 사람들도 있습니다. 물론 그 사람들의 눈으로는 그렇게 보일 수도 있습니다. 하지만 이유를 불문하고 건강해야 합니다.

요한삼서 1장 2절 말씀을 반대 문장으로 만들어보십시오.

미워하는 자여 네 영혼이 잘못됨같이 네가 범사에 안 되고 몸이 허약하기를 내가 간구하노라.

세상사는 참으로 묘합니다. 선은 선순환되고 악은 악순환되더라는 겁니다. 하나가 잘되면 두루두루 모두 잘되고, 하나가 잘못되면 하나같이 잘 안됩니다. 물론 가장 정확한 답은 항상 네 가지입니다. 하나가 잘되니 다 잘되는 경우도 있고, 하나가 잘되었지만 나머지는 안 되는 경우도 있으며, 하나가 잘못되었지만 다른 것은 잘되는 경우가 있고 또 하나가 잘못되니까 다른 것도 모조리 잘못되는 경우도 있습니다.

그런데 대체로 보자면 하나가 잘되면 다 잘되고, 하나가 안 되면 거의 잘되지 않습니다. 이것이 세상의 원리입니다.

'거품도 고이는 곳에 고인다' 는 속담을 들어보았습니까? 여하튼 뭐든지 한곳으로 모입니다. 잘되는 사람에게는 잘되는 것이 모이고 안 되는 사람에게는 안 되는 것이 모입니다.

건강도 마찬가지입니다. 위장이 좋으니까 대장도 간장도 모두 좋아집니다. 위장 하나 약하니까 다른 것도 모두 나빠집니다. 치아가 좋지 않으니까 온 몸이 약해집니다. 이처럼 하나가 강해지면 모두 강해지고, 하나가 무너지면 모두 무너지는 것이 건강의 원리이고 축복의 원리이고 세상의 원리이며 영적인 원리입니다.

본문을 보십시오. 인간이 죄를 짓다 보니 본인은 물론이고 땅이든, 삶이든, 결과든 제대로 되는 것이 없습니다. 그런데 이것은 겉으로 본 현상에 불과하고 그 안에는, 본질 속에는 하나님의 사랑과 하나님 축복과 하나님의 건강이 넘쳐흐름을 깨달을 수 있습니다.

본문말씀을 통하여 '건강의 십계명'을 함께 나누고자 합니다.

식생활을 개선하라

건강의 첫 번째 원리는 밥상 위의 식생활을 개선하라는 것입니다.

> 땅이 네게 가시덤불과 엉겅퀴를 낼 것이라 너의 먹을 것은 밭의
> 채소인즉(18절)

> 하나님이 가라사대 내가 온 지면의 씨 맺는 모든 채소와 씨 가진
> 열매 맺는 모든 나무를 너희에게 주노니 너희 식물이 되리라
> (창 1:29)

분명히 채소를 먹으라고 말씀하십니다. 씨 맺는 채소와 과일을 먹으라고 말씀하십니다. 이것이 본래 인간의 음식이었습니다. 그렇다면 고기는 언제부터 먹게 되었습니까? 노아 홍수 이후부터 고기 먹는 것이 허락됩니다.

> 무릇 산 동물은 너희의 식물이 될지라 채소같이 내가 이것을 다 너희에게 주노라 그러나 고기를 그 생명 되는 피 채 먹지 말 것이니라(창 9:3)

원래 하나님께서는 인간에게 씨 맺는 과일과 채소를 먹으라고 하셨습니다. 그리고 노아 홍수 이후에 고기도 먹으라고 말씀하십니다. 그런데 중요한 사실은 노아 홍수 이후 인간의 수명이 엄청나게 줄었다는 것을 아십니까?

> 여호와께서 가라사대 나의 신이 영원히 사람과 함께하지 아니하리니 이는 그들이 육체가 됨이라 그러나 그들의 날은 일백이십 년이 되리라 하시니라(창 6:3)

어차피 120년 사는데 고기까지 먹지 않고 살아야 할 필요가 없어졌습니다. 천년 가까이 살려면 식생활을 개선해야 하지만 어차피 120년 살 것이니 고기도 먹으라고 하신 의미도 있을 것이고, 또 하나는 홍수 이후에 나오는 식물로는 영양의 균형을 맞출 수 없으니까 고기를 먹으라고 허락하신 것이 아닌가 추측합니다.

지금은 다 죽고 화석만 남아있지만 옛날에는 공룡이 살았습니다. 그 공룡이 초식동물입니까, 육식동물입니까? 초식동물입니다. 집채만큼 커다란 공룡이 풀을 뜯어먹고 살려면 얼마나 많은 풀이 있어야 하겠습니까? 어마어마하게 풀이 많이 자라나야 그 큰 공룡이 먹고 살 수 있을 것입니다. 노아의 홍수 사건 이전에는 그것이 가능했습니다. 땅이 기름지고 식물이 번성해서 가능했는데 노아 홍수 이후에는 먹고 살 수 없는 형편이 되었습니다. 그래서 공룡이 다 멸종되어 버린 겁니다.

그런데 여기에서 엄청나게 중요한 원리를 깨닫게 됩니다.

'공룡은 죽는다. 먹을 것이 없어서.'

이것을 기업으로 바꿔보십시오.

'큰 기업은 죽는다. 자금이 없어서.'

무슨 말인가 하면 큰 기업은 결국은 죽는다는 것입니다. 왜 그렇습니까? 큰 기업이 운영되려면 돈이 많아야 하는데 그렇지 못할 때 결국 죽게 되어 있습니다. 커다란 공룡이 영원히 살 것 같지만 공룡은 모조리 멸종되었습니다. 그런데 놀라운 사실은 작고 힘없는 쥐는 지금도 살아서 온 세상을 누비고 다닙니다. 이것이 의미하는 바가 무엇입니까? 큰 기업이 유리하고 다 잡아 먹을 것 같지만 결코 그렇지 않다는 것입니다.

그것을 축소시켜 생각해 보겠습니다. 덩치가 큰 사람은 먹을 것이 없어서 죽습니다. 하지만 조그마한 사람은 천 원짜리 아이스크

림 하나만 가지고도 3일은 버틸 수 있으니까 살 수 있습니다. 제 말이 반드시 맞는 건 아니지만 어느 정도 일리는 있습니다.

온 땅이 풍성할 때는 공룡의 먹거리가 충분했습니다. 하지만 노아 홍수 이후, 이 땅은 그 풍성함이 없어지면서 큰 짐승들이 살 수 없는 터가 되고 말았습니다. 그래서 이제는 공룡만 없어지는 것이 아니라 엄청나게 많은 동물들이 멸종되어 역사 속에서 사라져가고 있습니다. 그런데 중요한 것은 동물만 사라져야 되는데 이런 식으로 계속 진행된다면 언젠가는 사람도 사라질 위기라는 것입니다. 역사의 발자취 속에 사람도 사라져버릴 수 있습니다.

의사 선생님들이 죽을병에 걸린 환자들의 가족에게 뭐라고 말합니까? "모시고 가셔서 잡수시고 싶어하시는 거나 실컷 드시게 하십시오." 어차피 오래 살기 힘드니까 몸에 유익한 것이든 유익하지 않은 것이든 본인이 좋아하는 것을 마음껏 잡수시게 하라는 겁니다.

그 다음 생각할 수 있는 것은 영양이 부족하다는 것입니다. 이 대목을 클로즈업해서 생각해보십시오. 지금 우리가 먹는 과일은 옛날 조상들이 농사지어 먹었던 과일과는 차원이 다릅니다. 지금 우리가 먹는 채소들 역시 옛날과는 다릅니다. 제 영양분이 나오지 않습니다. 영양이 부족합니다. 똑같은 토마토일지라도 옛날 토마토와 지금 토마토는 다릅니다. 달걀도 마찬가지입니다. 왜 그렇습니까? 땅이 힘을 잃어가기 때문입니다. 그러니까 고기라도 먹어서 영양분을 보충하라는 것입니다.

기린이 초식동물입니까, 육식동물입니까? 초식동물입니다. 목이 긴 기린은 나뭇가지의 이파리 같은 것을 뜯어 먹고 삽니다. 그런데 놀라운 사실은 기린도 고기를 먹는다는 것입니다. 즉 영양의 부족함을 몸으로 느끼고는 식물로는 충족되지 않으니까 때때로 육식도 한다고 합니다.

그렇다면 어느 정도 고기를 먹고 어느 정도 채소를 먹어야 합니까? 사람들의 치아 구조 안에 그 해답이 있습니다. 28개의 치아는 앞니, 송곳니, 어금니로 구성되어 있습니다. 즉 앞니로 잘라서 어금니로 갉아 먹거나 송곳으로 뜯어서 어금니로 갉아 먹습니다. 사람에게는 송곳니가 4개 있습니다. 즉 치아의 1/7이 송곳니입니다. 그러니까 치아의 구조에 따르자면 7일 중에 하루는 고기를 먹고 6일은 채소나 과일을 먹으면 적합합니다.

장의 구조를 보더라도 그렇습니다. 인간의 장은 깁니다. 장이 길다는 것은 음식이 장 속에 머무는 기간이 길다는 의미입니다. 그런데 씨 맺는 식물은 썩으면 싹이 나지만 고기는 썩으면 좋지 않습니다. 그러니까 고기를 많이 먹는 것은 장에도 별로 좋지 않습니다.

날아다니는 새들을 보십시오. 장이 짧습니다. 왜 그렇습니까? 날아야 하는데 배가 나오면 날 수 없기 때문입니다. 변비 걸린 날짐승을 보았습니까? 그래서 새똥은 모두 물똥입니다. 자동차 유리창에서 때구루루 굴러가는 새똥을 본 적이 있습니까? 뱃속의 음식물이 빨리 빠져 나가야 하니까 새의 변은 묽습니다.

하나님은 우리들이 건강하기를 누구보다도 간절히 원하십니다. 또 우리의 부모님들도 자녀들이 건강하기를 간절히 원합니다.

성경을 읽다보면 구석구석 하나님의 깊은 사랑을 느낄 수 있습니다. 특별히 레위기를 읽다 보면 하나님께서는 콩팥에 낀 기름, 간에 덮인 기름은 먹지 말고 화제로 드리라고 하십니다. 그리고 우리들에게는 안심, 등심, 제비추리 같은 살코기를 먹으라고 하십니다. 이것이 하나님의 사랑입니다.

하나님 앞에 가장 잘하는 신앙생활은 건강한 겁니다.

부모님 앞에 가장 큰 효도는 건강한 겁니다.

하나님 앞에 신앙생활을 잘못하는 것은 아픈 겁니다.

부모님 앞에 가장 큰 불효는 아픈 겁니다.

저 역시 한 해 한 해 지나니까 몸 이곳저곳에서 조금씩 신호가 옵니다. 시력도 떨어지고 치아도 약해집니다. 그래서 전에는 갈 일이 없었던 치과나 안과를 다니곤 합니다. 그런데 내가 치과를 다닐 때에는 별 문제가 없습니다. 솔직한 마음으로 아내가 치과를 갈 때에도 문제가 되지 않았습니다. 그런데 아이들이 치과를 가니까 얼마나 가슴이 아픈지 모릅니다. 그 때 부모의 심정을 조금 느꼈습니다. 그리고 좀더 거슬러 올라가니까 그것이 바로 하나님의 심정, 하나님 마음이더라는 것입니다.

신앙생활을 잘하기 원합니까? 그렇다면 다른 것 없습니다. 건강하십시오. 병든 자식을 바라봐야 하는 부모의 심정이 어떻습니까? 아파서 신음하는 자식을 봐야 하는 부모의 심정이 어떻습니까? 그 심정을 안다면 왜 하나님의 심정은 모릅니까? 무조건 건강하십시오.

미국의 건강이 무너져내린다고 말합니다. 이제 미국의 가장 큰 문제는 군사력도 아니고 정치나 경제도 아니고 건강이라고 합니다. 미국인이 2억 5천 명에 달한다고 하는데 그 가운데 만성질환자가 1억 명이 넘는다고 합니다. 때문에 미국의 의료보험 적자는 우리나라와는 비교도 되지 않는다고 합니다. 이렇게 미국은 건강과의 전쟁 중입니다.

그런데 그들 가운데에서도 유난히 건강한 집단의 사람들이 있다고 합니다. 한두 명 건강한 것이 아니라 집단으로 건강합니다. 그들을 일컬어 우리들은 이단이라고 합니다. 이것이 제게는 참으로 큰 충격이 되었습니다.

왜 이단은 건강한데 일단인 우리들은 아픕니까? 이단이 아프고 일단이 건강해야 하는 것 아닙니까? 이단이냐, 일단이냐 이것은 구원의 문제입니다. 하지만 건강한가, 건강하지 않은가는 건강의 원리대로 사는가, 살지 못하는가에 달려 있습니다. 식생활을 개선하십시오.

규칙적으로 땀 흘리는 운동을 하라

건강의 두 번째 원리는 매일 규칙적으로 땀 흘리는 운동을 하라는 것입니다.

> 그들이 날이 서늘할 때에 동산에 거니시는 여호와 하나님의 음성을 듣고 아담과 그 아내가 여호와 하나님의 낯을 피하여 동산 나무 사이에 숨은지라 (창 3:8)

저는 이 말씀이 마치 하나님도 등산하셨다는 것처럼 들립니다. 제발 운동하십시오. 잘 먹고 운동하지 않으면 성인병에 걸릴 확률이 얼마나 높은지 모릅니다. 성인병에 걸린 사람들을 보십시오. 대다수가 운동하지 않았습니다. 바빠서 운동할 시간이 없습니까? 핑계대지 말고 무조건 운동하십시오.

네가 얼굴에 땀이 흘러야 식물을 먹고(19절)

오죽하면 하나님도 우리의 이마에 땀이 흘러야 밥을 먹을 것이라고 말씀하셨겠습니까? 이 말씀을 다음과 같이 오해할 수 있습니다.

'하나님도 참 너무하시네. 선악과 하나 먹었다고 편하게 사는 꼴을 못 보시고 땀 흘리고 살도록 하셨다니.'

모르고 하는 말입니다. 땀 흘리지 않으면 성인병에 걸릴 것을 미리 아셨기 때문에 땀 흘리고 먹으라고 하신 것입니다. 그런데 땀을 흘리라는 말만 듣고 어떤 사람들은 운동할 생각은 하지 않고 사우나실에만 들어앉아 있습니다. 그 뜨거운 데서 애꿎은 모래시계만 뒤집어 가면서 인상을 씁니다. 땀 흘리고 밥을 먹으라는 말씀은 운동과 노동의 원리입니다. 운동하십시오.

항상 즐거운 컨디션을 유지하라

건강의 세 번째 원리는 항상 즐거운 컨디션을 유지하라는 것입니다. 건강의 척도가 무엇입니까? 혈압, 맥박, 체온, 근육, 체중입니까? 물론 이런 것들도 모두 중요합니다. 하지만 그런 것보다 더 정확한 것, 우선시 되는 것, 게다가 돈도 들지 않는 건강 진단법이 있습니다. 바로 컨디션입니다.

땀 흘려 일하고 나서 샤워한 후 밥을 먹으면 컨디션이 더없이 좋습니다. 하지만 하루 종일 누워서 뒹굴거리다가 밥을 먹으면 컨디션이 좋지 않습니다. 즉 땀 흘려서 일하고 샤워한 후 배고플 때 먹는 음식은 우리들의 컨디션을 좋게 합니다.

땀은 사람들을 상쾌하게 합니다. 왜 로또가 문제입니까? 땀 흘리지 않고 기분만 좋아지기 때문입니다. 술이 왜 문제입니까? 땀 흘리지 않고 기분만 좋아지기 때문입니다. 마약이 왜 문제입니까? 땀 흘리지 않고 기분만 좋아지기 때문입니다.

뭐가 되었든 땀 흘리지 않고 기분이 좋아지는 것은 문제입니다. 땀 흘리면 건강만 좋아지는 것이 아닙니다. 피땀 흘려 노력하고 얻게 되는 수입은 또 얼마나 기분을 좋게 합니까?

땀 흘려서 일하고 돈 벌고, 땀 흘려 일하고 밥 먹고, 이것이 땀을 흘린 후 좋아지는 컨디션입니다. 땀 없이 기분만 좋아지면 안 됩니다. 기분이 좋아진다면 그와 동시에 반드시 땀도 흘려야 합니다.

컨디션은 건강의 최고의 척도입니다. 그런데 컨디션을 결정해주는 가장 중요한 것이 무엇입니까? 기쁨입니다. 컨디션은 기쁨입니다. 언제 컨디션이 가장 좋습니까? 웃을 때입니다. 그래서 성경에는 기쁨이 흐르고 있습니다. 하나님이 아담과 하와를 에덴동산에 살게 하셨습니다.

여호와 하나님이 동방의 에덴에 동산을 창설하시고 그 지으신 사
람을 거기 두시고(창 2:8)

에덴동산은 바로 기쁨의 동산이었습니다.

사람이 하나님의 주신바 그 일평생에 먹고 마시며 해 아래서 수고
하는 모든 수고 중에서 낙을 누리는 것이 선하고 아름다움을 내가
보았나니 이것이 그의 분복이로다(전 5:18)

이스라엘 자손에게 명하여 내게 예물을 가져오라 하고 무릇 즐거
운 마음으로 내는 자에게서 내게 드리는 것을 너희는 받을지니라
(출 25:2)

하나님 앞에 예물을 가져올 때에도 즐거운 마음으로 가지고 오
라고 하십니다.

각각 그 마음에 정한 대로 할 것이요 인색함으로나 억지로 하지
말지니 하나님은 즐겨 내는 자를 사랑하시느니라(고후 9:7)

항상 기뻐하라(살전 5:16)

저는 늘 웃으면서 살려고 노력합니다. 왜 그런지 아십니까? 이

것이 하나님의 뜻임을 알기 때문입니다. 어떤 분은 저보고 유치하다고 합니다. 물론 유치할 때도 있습니다.

그런데 어떻게 매번 안 유치하게 삽니까? 내로라하는 박사님들도 신문을 볼 때에는 만화부터 본다고 하지 않습니까? 신문 속에 제일 유치한 게 네 칸짜리 만화입니다 유치함 속에 소중한 의미가 담겨 있습니다. '무조건' '항상' 즐겁게 사십시오.

과식하지 말라

건강의 네 번째 원리는 절대로 과식하지 말라는 것입니다. 우리 사회에서 늘 문제가 되는 것이 바로 과식, 과로, 과속입니다. 과식이 얼마나 문제이면 하나님은 주기도문을 가르치실 때에도 이렇게 말씀하셨겠습니까?

오늘날 우리에게 일용할 양식을 주옵시고(마 6:11)

제가 볼 때 과식은 죄입니다. 왜냐하면 식탐은 곧 욕심이기 때문입니다. 마귀는 오늘도 식탐으로 사람들의 생명을 빼앗아갑니다. 먹을 것이 얼마나 중요한지 속담만 하더라도 먹을 것에 대한 것이 얼마나 많은지 모릅니다.

'금강산도 식후경이다.'

'이 새 저 새 해도 먹새가 최고다.'

'목구멍이 포도청이다.'

'잘 먹고 죽은 귀신은 때깔도 좋다.'

하지만 중요한 것은 적량을 적시에 적당하게 먹는 것입니다. 먹는 것을 절제하지 못하면 건강을 잃게 됩니다.

죄 짓지 말라

건강의 다섯 번째 원리는 절대로 죄를 짓지 말라는 것입니다. 생명을 단축시키는 가장 큰 원인은 바로 죄입니다. 죽음도 죗값이요, 지병도 죗값입니다.

> 주는 나를 용서하사 내가 떠나 없어지기 전에 나의 건강을 회복시키소서(시 39:13)

> 허물의 사함을 얻고 그 죄의 가리움을 받은 자는 복이 있도다 마음에 간사가 없고 여호와께 정죄를 당치 않은 자는 복이 있도다 내가 토설치 아니할 때에 종일 신음하므로 내 뼈가 쇠하였도다 (시 32:1-3)

죄는 불법이며 마귀와의 연합입니다. 양심의 가책이 되는 죄를 지으면 절대로 영육 간에 건강할 수 없습니다.

> 스스로 지혜롭게 여기지 말지어다 여호와를 경외하며 악을 떠날지어다 이것이 네 몸에 양약이 되어 네 골수로 윤택하게 하리라

(잠 3:7, 8)

의학적이지는 않지만 임상적으로 중요한 통계에 의하면 환자들은 대부분 죄 가운데 있다고 합니다. 미움의 죄든, 과식의 죄든, 기뻐하지 않는 죄든, 운동을 하지 않는 죄든…. 그러면 한번 다른 시선으로 보십시오. 건강하려면 어떻게 해야 합니까? 회개해야 됩니다. 회개하면 기쁨이 넘칩니다. 그렇게 치유가 됩니다.

작은 징조일 때 고치라

건강의 여섯 번째 원리는 작은 징조일 때 고치라는 것입니다. 사업을 보십시오. 하루아침에 망하지 않습니다. 건강도 마찬가지입니다. 하루아침에 무너지지 않습니다.

그 안을 자세히 들여다보면 이미 징조가 있었습니다. 징조가 보일 때 고치면 됩니다. 하루아침에 살이 찝니까? 자고 나니까 갑자기 살이 찐 사람이 있습니까? 살이 찔 때에도 나타나는 증세가 있습니다. 배가 더부룩하더니 옆구리가 조금씩 두툼해진다면 그것이 살찌는 징조입니다.

그렇게 무서운 암도 하나의 세포에서 시작되었습니다. 욥의 가정도 두려움과 무서움으로부터 무너지기 시작했습니다. 작은 징조일지라도 조심하십시오.

매사에 긍정적으로 열심히 일하라

건강의 여섯 번째 원리는 매사에 긍정적으로 열심히 일하면서 살라는 것입니다. 노동이 얼마나 중요한지 아십니까? 노동 속에 건강이 있고, 노동 속에 축복이 있고, 노동 속에 지켜줌이 있고, 노동 속에 보람이 있습니다. 하나님은 땀 흘려 수고하는 자에게 복의 문을 열어놓으셨습니다.

비타민을 섭취하라

건강의 여덟 번째 원리는 식후에 비타민 C를 챙겨 먹으라는 것입니다. 과다하게 비타민 C를 먹으면 해롭다지만 안 먹으면 더 해롭습니다. 비타민 C를 챙겨먹다 보면 신체적으로 다음과 같은 다섯 가지 변화가 일어납니다.

첫 번째 방귀 냄새가 없어집니다.

두 번째 피로회복이 빠릅니다.

세 번째 혈색이 좋아집니다.

네 번째 감기에 잘 걸리지 않습니다.

다섯 번째 우리 몸에 항산화를 해줍니다.

피곤은 그때그때 풀라

건강의 아홉 번째 원리는 피곤은 그때그때 풀라는 것입니다. 어느 마을에 유명한 명의가 있었습니다. 그 의사 한 사람 덕분에 동네 주민들이 모두 건강했습니다. 그런데 의사도 인간인지라 늙어서 죽게 되었습니다. 주민들의 걱정이 이만저만이 아닙니다. 그 의사가 죽고 나면 누가 치료하느냐며 걱정이 태산입니다.

"선생님 죽으면 우리 동네 병은 누가 고칩니까?"

그 때 의사 선생님이 이런 말을 합니다.

"제가 세 명의 의사를 여러분에게 소개시켜주고 가겠습니다. 한 의사는 음식이고, 또 다른 의사는 수면이고, 마지막 의사는 운동입니다."

하나님이 지켜주셔야 한다

건강의 열 번째 원리는 하나님이 지켜주셔야 한다는 것입니다. 원래 의사는 아닌데 건강 부분에서는 유명해진 박사님이 한 분 계십니다. 원래는 영어선생님이었습니다. 그런데 본인 몸이 너무 아픈 것이 계기가 되어 건강에 대하여 공부를 했습니다.

그렇게 많은 돈과 시간을 투자하니까 건강해지더라는 겁니다. 건강을 되찾은 후 이제는 영어선생님에서 건강선생님으로 바뀌었습니다.

이분이 자신은 건강의 원리에 맞춰 생활하기 때문에 120살까지 살 수 있다고 장담했습니다. 그런데 어느 날 이 분이 보이지 않습니다. 그런데 들리는 말에 의하면 사고가 났다고 합니다. 그 때 깨달은 것이 있습니다.

'하나님이 지켜주시지 않으면 그 누구도 건강할 수 없구나.'

가라사대 너희가 너희 하나님 나 여호와의 말을 청종하고 나의 보기에 의를 행하며 내 계명에 귀를 기울이며 내 모든 규례를 지키면 내가 애굽 사람에게 내린 모든 질병의 하나도 너희에게 내리지 아니하리니 나는 너희를 치료하는 여호와임이니라(출 15:26)

내 영혼아 여호와를 송축하라 내 속에 있는 것들아 다 그 성호를 송축하라 내 영혼아 여호와를 송축하며 그 모든 은택을 잊지 말지어다 저가 네 모든 죄악을 사하시며 네 모든 병을 고치시며 (시 103:1-3)

병들어 죽게 된 마당에 그동안 벌어놓은 돈이 무슨 소용입니까? 그동안 코피 흘리면서 한 공부가 무슨 유익이 있습니까? 뭐니 뭐니 해도 건강이 제일 중요합니다. 그러기에 주님은 이 땅에 계시는 동안에 병든 자를 고치신 것입니다.

건강의 십계명을 삶 가운데 적용하므로 영육간에 건강하길 바랍니다.

오 리 십 리

또 눈은 눈으로, 이는 이로 갚으라 하였다는 것을 너희가 들었으나 나는 너희에게 이르
노니 악한 자를 대적지 말라 누구든지 네 오른편 뺨을 치거든 왼편도 돌려 대며 또 너를
송사하여 속옷을 가지고자 하는 자에게 겉옷까지도 가지게 하며 또 누구든지 너로 억지
로 오리를 가게 하거든 그 사람과 십리를 동행하고 네게 구하는 자에게 주며 네게 꾸고
자 하는 자에게 거절하지 말라(마 5:38-42)

　　본문말씀에는 그리스도의 성품이 담겨 있고, 이 땅을 살아가는
처세술이 담겨 있고, 성공의 비결까지도 담겨 있습니다. 언뜻 들으
면 별 것 아닌 말씀처럼 보입니다. 아니면 이말씀을 모두 지키기란
너무 힘들어서 처음부터 포기해야 될 것 같기도 합니다. 하지만 자
세히 말씀을 들여다보면 참으로 중요한 진리의 말씀입니다. 성경
66권에 담긴 모든 말씀이 중요합니다. 하지만 예수님이 직접 언급
하신 말씀은 확실히 그 수준이 다른 진리의 말씀입니다.

　　본문말씀은 구약의 율법에 그 배경을 두고 있습니다.

그러나 다른 해가 있으면 갚되 생명은 생명으로, 눈은 눈으로, 이는 이로, 손은 손으로, 발은 발로, 데운 것은 데움으로, 상하게 한 것은 상함으로, 때린 것은 때림으로 갚을지니라(출 21:23-25)

여호와께서 모세에게 일러 가라사대 저주한 사람을 진 밖에 끌어내어 그 말을 들은 모든 자로 그 머리에 안수하게 하고 온 회중이 돌로 그를 칠지니라 너는 이스라엘 자손에게 고하여 이르라 누구든지 자기 하나님을 저주하면 죄를 당할 것이요 여호와의 이름을 훼방하면 그를 반드시 죽일지니 온 회중이 돌로 그를 칠 것이라 외국인이든지 본토인이든지 여호와의 이름을 훼방하면 그를 죽일지니라 사람을 쳐죽인 자는 반드시 죽일 것이요 짐승을 쳐죽인 자는 짐승으로 짐승을 갚을 것이며 사람이 만일 그 이웃을 상하였으면 그 행한 대로 그에게 행할 것이니 파상은 파상으로, 눈은 눈으로, 이는 이로 갚을지라 남에게 손상을 입힌 대로 그에게 그렇게 할 것이며 짐승을 죽인 자는 그것을 물어줄 것이요 사람을 죽인 자는 죽일지니 외국인에게든지 본토인에게든지 그 법을 동일히 할 것은 나는 너희 하나님 여호와임이니라(레 24:13-22)

네 눈이 긍휼히 보지 말라 생명은 생명으로, 눈은 눈으로, 이는 이로, 손은 손으로, 발은 발로니라(신 19:21)

그런데 구약 말씀을 자세히 묵상해 보십시오. 하나님께서 본래 율법을 주실 때의 주된 정신은 눈은 눈으로 갚으라는 것이 아닙니다. 눈은 눈으로 갚아야 하니까 아예 처음부터 잘못을 하지 말라는 경고에 초점이 있습니다.

상대방이 이렇게 했으니까 나도 그대로 되갚아주라는 것이 아니라 나도 당할 것이니 남에게 잘못을 저지르지 말라는 것, 이것이 중심입니다. 그 말이 그 말 같지만 결코 그 말이 그 말이 아닙니다. 즉 되갚음이 초점이 아니라 하지 말라는 것이 초점입니다.

하지만 예수님은 여기에서 더 나아가 무리들에게 모세를 통해 전해준 율법이 아닌 은혜의 법을 새롭게 주겠노라 말씀하십니다.

율법 그리고 은혜의 법

그렇다면 모세의 율법과 예수님의 은혜의 법이 다른 점은 무엇입니까? 우선 모세의 율법에 의하면 행동만 조심하면 됩니다. 왜냐하면 율법은 행동을 다루기 때문에 어떤 마음을 갖든, 어떤 말을 하든지 상관없이 행동만 조심하면 됩니다.

예를 들어서 어떤 사람이 누군가를 너무 미워해서 매일 죽인다고 말만 하고 행동으로 옮기지 않으면 살인자는 되지 않습니다. 이처럼 율법은 행동만 다룹니다.

두 번째로 율법은 한번 걸리면 빠져나갈 방법이 없습니다. 다시 말해서 용서가 없다는 것입니다. 눈을 상하게 하면 다른 도리 없이 눈을 빼야만 합니다. 이것이 율법의 엄청난 약점입니다. 대안이 없습니다. 한번 실수하면 그대로 갚아주는 수밖에 없습니다.

세 번째로 율법의 약점은 들키지 않으면 괜찮습니다. 들키지 않으면 벌도 받지 않습니다. 발견되지 않은 것에 대해서는 누구도 벌을 주지 않습니다. 그러니까 율법은 들키지만 않으면 됩니다. 즉 아무리 많은 율법이 나열되어 있을지라도 맨 밑에는 괄호 안에 이런 문구가 암묵적으로 적혀있는 것입니다.

(하지만 안 들키면 괜찮다.)

이것이 바로 율법의 약점입니다.

하지만 예수님의 은혜의 법은 다릅니다. 행동만 조심하면 되는 것이 아니라 마음과 생각까지 조심해야 됩니다. 즉 율법의 죄의 시점은 '행동' 이지만, 은혜의 법에서 죄의 '시점' 은 생각입니다. 그러므로 회개 차원에서 볼 때에도 율법은 행위만 회개하면 되지만 은혜의 법은 생각부터 회개해야 합니다. 즉 율법에서는 '하나님, 잘못 행동했습니다.' 이렇게 회개하면 되지만 은혜의 법 아래에서는 '하나님 잘못 생각했어요.' 여기에부터 시작되어야 합니다.

두 번째로 은혜의 법은 아무리 잘못해도 용서를 받을 수 있습니다. 그냥 용서받는 것이 아니라 예수님께서 죄의 대가를 모두 지불해주신 용서를 받을 수 있습니다. 이것이 얼마나 귀중한지 모릅니다.

이 부분에서 다른 종교들은 감히 범접할 수 없는 놀라운 진리가 담겨 있습니다. 예수님이 그저 공짜로 용서해 준 것이 아니라 예수님께서 그 죗값을 대신 다 치르셨습니다.

하지만 다른 종교는 어느 하나 나의 죄를 대신 갚아준 것이 없습니다. 석가모니도 공자도 마호메트도 우리 죄를 대신 갚아주지 않았습니다. 오직 예수 그리스도만 우리의 죄를 갚아주셨습니다. 때문에 우리가 받은 용서는 대속을 통한 용서이지 대책 없는 용서가 아닙니다. 이것이 종교다원주의가 허락되지 않는 이유입니다.

종교다원주의가 무엇입니까? 자신의 종교가 귀하듯 상대방의 종교도 귀하다고 인정하자는 것입니다. 내가 믿는 종교에 구원이 있듯 상대방이 믿는 종교에도 구원이 있음을 인정하자는 것입니다. 그러나 성경은 어느 한 곳에서도 아무 것이나 믿어도 된다고 말씀하신 적이 없습니다. 단지 우리 상식의 눈에 그것도 괜찮은 것처럼 보일 뿐입니다.

'아무 거나 믿어라. 그리하면 너와 네 집이 구원을 얻으리라.'

예수님은 단 한번도 이렇게 말씀하시지 않았습니다. 그러니까 다른 사람들이 볼 때 기독교는 독선적일 수 있습니다. 하지만 이것 역시 어쩔 수 없습니다. 예수님만이 구원이라는 것만은 도저히 양보할 수 없는 진리입니다.

「교회가 죽어야 예수가 산다」(한용상 지음, 해누리 펴냄)라는 책이 있습니다. 책제목이 하도 눈길을 끌기에 읽어봤습니다. 그랬더니 교회나 정치를 아주 신랄하게 비판하는 내용입니다. 상당히 맞는 말들도 있습니다. 하지만 그 안에는 결정적인 약점이 하나 있습니다. 복음이 빠졌습니다. 그러니까 불교인도 구원 받을 수 있다고 합니다. 사람의 상식으로 볼 때에는 그 말이 그럴 듯하게 맞는 것처럼 보입니다. 하지만 훌륭한 것과 진리는 엄연히 다릅니다. 이것을 알아야 합니다.

듣자하니 신학교에서 종교다원주의가 공공연히 가르쳐지고 있다고 합니다. 그러니 이 일을 어떻게 해야 합니까? 그런 교수에게는 상식과 지식은 있을지 몰라도 진리와 복음은 없습니다. 진리는 타협해서 될 문제가 아닙니다. 상식으로 판단할 수 있는 문제도 아닙니다.

예수님이 위대한 것은 예수 그리스도 안에 은혜가 있기 때문입니다. 예수님에게는 용서가 있습니다. 하지만 아무리 훌륭한 공자님일지라도 다른 사람을 용서할 자격이 없습니다. 석가모니도 우리를 용서할 수 없습니다. 본인부터 죄인인데, 자기가 지은 죄도 용서하지 못하는데 어찌 다른 사람의 죄를 용서할 수 있겠습니까? 예수 그리스도만이 죄 없으신 하나님의 아들입니다.

세 번째로 은혜의 법은 들키지 않고 몰래 넘어갈 수가 없습니다. 율법은 숨길 수 있지만 은혜의 법은 숨길 수가 없다는 말입니다. 누가 봤건 안 봤건, 발각이 되었건 안 되었건 모두 걸립니다.

악한 자가 하는 일

> 나는 너희에게 이르노니 악한 자를 대적지 말라 누구든지 네 오른편 뺨을 치거든 왼편도 돌려 대며(마 5:39)

이것이 예수님의 은혜의 법입니다. 이 때 '악한 자'에 주목하십시오. 그 다음에는 악한 자가 하는 짓들이 쭉 열거됩니다. 혹 우리의 삶 속에 이 악한 자가 하는 행동은 없습니까?

악한 자가 하는 첫 번째 일은 오른편 뺨을 때리는 것입니다.

여기서 때린다는 것은 아무런 잘못이 없을 때 행하는 것을 뜻합니다. 얻어맞을지라도 어떤 이유에서든지 때리지는 마십시오. 왜냐하면 때리면 악한 자가 될 수 있기 때문입니다. 때문에 크리스천은 얻어맞더라도 때리지 않고, 욕을 들을지라도 내 입으로는 욕하지 않습니다.

> 애매히 고난을 받아도 하나님을 생각함으로 슬픔을 참으면 이는 아름다우나 죄가 있어 매를 맞고 참으면 무슨 칭찬이 있으리오 오직 선을 행함으로 고난을 받고 참으면 이는 하나님 앞에 아름다우니라(벧전 2:19)

두 번째로 악한 자는 송사하여 속옷을 가지려고 합니다. 이 때 송사한다는 것은 소송을 의미합니다. 백성간의 분쟁을 관부에 호소해서 판결을 구하는 일을 송사라고 하지 않습니까? 그런데 이 때 송사하는자란 아무런 잘못도 없이 뺏으려고 고소하는 사람을 뜻합니다. 송사는 당하더라도 송사하지는 맙시다. 물론 말처럼 쉬운 일은 아닙니다. 우리 주변에 보면 재판을 해서라도 반드시 버르장머리를 고쳐야 될 사람들이 얼마나 많습니까? 그러니 송사하지 않기로 작정하는 것이 결코 쉽지 않습니다. 어렵습니다. 그럴지라도 송사하지 마십시오.

성경은 잘못도 없는데 재판해서 뺏으려고 하는 사람이 악하다고 말씀하십니다.

세 번째로 악한 자는 억지로 5리를 가자고 합니다.

네 번째로 악한 자는 구하고 또 꾸고자 합니다.

"목사님 구하고 꾼다고 해서 악한 자입니까? 살면서 그럴 수도 있는 일 아닙니까?"

맞습니다. 때문에 일괄적으로 말씀을 적용하는 것이 조심스럽습니다. 제가 판단하기에는 악해서 그런 자도 있고 악하지 않지만 그래야만 하는 자도 있습니다. 그런데 본문은 악한 자가 하는 일이라고 말씀합니다.

신명기 28장은 신구약 성경을 통틀어서 가장 좋은 축복의 장입니다. 읽어보면 구구절절 참으로 기막힌 말씀들이 기록되어 있습니다. 그 가운데 12절은 이렇게 말씀하십니다.

여호와께서 너를 위하여 하늘의 아름다운 보고를 열으사 네 땅에 때를 따라 비를 내리시고 네 손으로 하는 모든 일에 복을 주시리니 네가 많은 민족에게 꾸어 줄지라도 너는 꾸지 아니할 것이요

'꾸어 줄지라도 꾸지 않는 것' 이것이 하나님의 축복을 받은 사람들이 삶을 통하여 보여주는 아주 좋은 열매입니다. 열심히 살아서 남에게 꾸는 일이 없기로 결심하십시오. 규모 있게 살기로 결심하십시오. 규모 있게 사는 삶이 바로 크리스천의 삶입니다.

오리십리에 담긴 뜻

말씀의 제목이 '오리십리' 입니다. 5리를 가자고 하면 10리를 간다는 뜻입니다. 이것이 악한 자를 대하는 방법입니다.

그런데 말씀을 묵상하다 보면 하나님은 항상 악한 자에게는 말씀하시지 않고 선한 자에게만 말씀하심을 발견하게 됩니다. 이를테면 악한 자가 아무 잘못도 없는 선한 사람의 뺨을 때렸습니다. 그러면 이렇게 말해야 하는 것이 상식 아닙니까?

"왜 괜한 사람 때립니까? 때리지 마십시오!"

하지만 때린 사람에게는 아무런 말도 하지 않고 얻어맞은 사람을 향해 돌려대라고 합니다. 그렇지 않아도 얻어맞아서 억울한데 돌려대기까지 하라니 얼마나 억울합니까? 그렇게 억울한 것이 기독교입니다.

믿지 않는 사람들은 본인들은 아무렇게나 살면서 믿는 그리스도인들이 조금만 잘못하면 핀잔을 합니다.

'교회에 다니는 사람이 왜 그렇게 사냐?'

얼마나 억울합니까? 거짓말해도 억울하고 술 한 잔 해도 억울합니다. 그렇게 억울한 것이 기독교입니다. 그런데 왜 그렇게 억울한지 아십니까? 이것 때문입니다. 이것이 세상을 보시는 하나님의 중요한 원리입니다. 여기서 바로 그리스도의 피의 정신, 대속의 원리가 나옵니다.

악한 인간은 스스로 구원 받지 못합니다. 그래서 죄 없으신 예수님이 우리의 죄를 대신 억울하게 담당하신 것입니다. 마찬가지로 악한 자가 스스로 회개하거나 변화되거나 돌이킬 수 없으니 누군가 선한 자의 희생이 필요한 것입니다.

그렇기 때문에 '네가 그 희생을 감당해라' 라고 하십니다. 예수님이 억울하셨듯, 악한 자 앞에서 우리도 억울하게 살라고 하십니다. 예수님이 우리를 구원하셨듯 우리들도 주님처럼 억울하게 살라고 하십니다. 오른뺨을 치거든 왼편을 돌려대는 것이 오리십리의 정신입니다.

두 번째로 오리십리는 그리스도의 마음을 닮은 삶의 표현입니다. 세상 사람들의 삶은 세 가지 유형으로 나눌 수 있습니다. 첫째로 순전히 신세만 지고 사는 사람, 둘째로 남에게 신세질 것도 없고 그렇다고 해서 남 도울 것도 없이 사는 사람(뭐 달라고도 안 할 테니까 뭐 달라고도 하지 말라는 사람), 셋째로 남에게 절대 신세를 지지 않으면서 한없이 다른 사람을 도우며 사는 사람. 이 세 번째 유형이 예수 믿는 사람이어야 합니다.

도움은 못주고 해코지만 하는 사람이 악한 자이고, 도움을 주고 사는 사람이 선한 자이며, 해도 주지 않고 도움도 주지 않는 사람이 일반적인 사람들입니다.

세 가지 반응

5리를 가자고 할 때 세 가지로 반응합니다. 첫째는 안 간다고 거절하는 사람입니다. 둘째는 정확하게 가자고 하는 만큼 5리만 가주는 사람입니다. 셋째는 5리를 가자고 했지만 10리까지 가주는 사람입니다. 이것을 세상 식으로 판단하자면 거절하는 사람은 보통사람, 5리를 가 준 사람은 좋은 사람, 10리를 가 준 사람은 아주 좋은 사람이 됩니다. 하지만 악한 자들은 다르게 판단합니다.

거절한 사람은 나쁜 놈, 5리 간 사람은 보통 사람, 10리까지 가 준 사람은 그냥 좋은 사람. 이처럼 판단하는 것을 보면 그 사람이 어떤 사람인지 알 수 있습니다. 즉 판단이 그 사람의 수준입니다.

악한 사람은 판단이 악합니다. 반대로 선한 사람은 판단이 선합니다. 아무쪼록 바른 판단을 할 수 있기를 바랍니다. 어떤 상황 속에서도 악한 판단을 하지 말고 좋은 판단, 훌륭한 판단을 하십시오.

오리십리는 성공의 비결

오리십리야말로 모든 성공의 비결을 담고 있습니다.

사람이 무엇으로 심든지 그대로 거두리라(갈 6:7)

5리를 가자고 할 때 10리를 가주면 선인이나 악인이나 다 인정해줍니다. 즉 5리를 가자고 했을 때 10리를 가주면 좋은 사람도 좋다고 하고 나쁜 사람도 좋다고 합니다. 이것이 훌륭한 겁니다.

미국의 철강 왕 앤드류 카네기에게는 직원들을 승진시키는 기준이 있었다고 합니다. 그는 회사가 직원에게 5리의 업무량을 요구할 때 10리의 업무량을 해내는 사람을 승진시켰습니다. 그는 이 법칙을 플러스알파의 법칙이라고 불렀습니다.

그 회사에 찰스 수아브라는 평범한 노무자가 있었습니다. 카네기는 직원들이 출근하기 전에 맨 먼저 회사에 출근하기로 유명한 사람입니다. 카네기는 자기 나름대로 1등이라고 생각하며 출근하는데 막상 가보면 먼저 와 있는 사람이 있더랍니다. 바로 수아브입니다.

맨 먼저 출근만 하는 줄 알았더니 퇴근은 제일 늦게 합니다. 카네기가 보너스를 줄 때 다른 직원들은 작정된 금액만 주었습니다. 그리고 수아브에게는 백만 불의 보너스를 주었습니다. 지금으로 치면 13억원이고 당시 화폐가치로는 더욱 엄청나게 큰 돈입니다. 그러면서 이렇게 말을 합니다.

"월급은 회사와 맺은 약속의 시간만큼 일한 대가입니다. 하지만 내가 저 사람에게 백만 불을 주는 것은 의무보다 더 수고한 것에 대한 나의 보상입니다."

결국 이 평범한 직원 수아브는 미국 최고의 강철 회사인 '유나이트 스틸'의 사장이 됩니다.

물론 여러 가지 내면의 이야기가 있겠지만 우선 그는 사장이 요구하는 것보다 더 일을 해냈고, 이것이 그가 성공하게 된 비결입니다. 목사도 마찬가지입니다. 누구도 말은 안하지만 교회가 요구하는 기대치가 있습니다. 교회가 목사에게 요구하는 기대치가 5리일 때 목사가 5리만 하면 그 목사는 평범한 목사입니다. 그런데 10리를 하면 참으로 훌륭한 목사입니다. 반대로 2리밖에 못하면 무능한 목사가 됩니다.

마태복음 25장 14절 이하를 보면 달란트 비유가 나옵니다. 다섯 달란트 받은 자는 다섯 개를 더 벌어서 열 달란트를 만들고, 두 달란트 받은 자는 두 달란트를 더 벌어서 네 달란트를 만듭니다. 하지만 한 달란트 받은 자는 묻어두었습니다. 이 때 주인은 한 달란트 받은 자에게 책망하십니다.

"악하고 게으른 종아!"

5리를 가자고 할 때 2리밖에 가지 않으면 주님은 그에게도 악하고 게으른 종이라고 하실 것입니다. 부교역자나 직원들도 마찬가지입니다. 누구도 말하지 않지만 각 사람에게 거는 기대치가 있습니다. 그 기대치만큼 하면 보통 사람입니다. 그보다 더 잘 해내면 훌륭한 사람, 꼭 필요한 사람이 됩니다. 그런데 그보다 못하면 무능한 사람, 바꾸어야 할 사람이 되고마는 것입니다. 성경의 가르침은 5리를 요구할 때 10리를 가주라고 말씀하십니다.

두 가지 결론

두 가지 관점에서 결론을 내리겠습니다. 첫째로 억지로 5리를 가자고 요구하지 마십시오. 그것이 우리가 세상에서 취할 마땅한 처신입니다. 억지로 5리를 가자고 하면 악한 사람이 됩니다. 왜 괜한 사람에게 억지로 5리를 가자고 합니까? 악한 자입니다. 괜히 뺨을 때리지 마십시오. 왜 잘못도 없는 사람의 뺨을 때립니까? 악한 자입니다. 송사해서 속옷을 가지려고 하지 마십시오. 그것 또한 악한 자입니다.

송사하는 것, 뺨을 때리는 것, 속옷을 빼앗으려고 하는 것, 억지로 5리를 가자고 하는 것은 모두 악한 자입니다.

두 번째로 5리를 가자고 하면 10리를 가주십시오. 이것이 악한 자를 대하는 방법입니다. 악한 자를 대하는 방법임과 동시에 악한 자에게 인정받을 수 있는 방법이며 악한 자를 구원할 수 있는 방법입니다. 공연히 오른편 뺨을 맞았다면 불평하지 말고 그냥 돌려 대십시오. 괜히 송사하여 속옷을 달라고 하면 아무 말 하지 말고 겉옷까지 줘보십시오. 이것이 은혜의 법입니다.

이 세상에는 내 것 나 먹고, 네 것 너 먹고 살아가는 사람들이 많습니다. 피해도 주지 않지만 도움도 주지 않고 살아가는 사람들이 많습니다. 그런 반면 이 세상은 누군가의 도움을 받아야만 살아갈 수 있는 사람들도 많습니다. 그런 사람들에게는 누군가의 희생이 반드시 필요합니다. 그리고 그 희생을 해 줄 사람들은 크리스천밖에 없습니다. 그래서 주님은 우리에게 세상의 빛이요, 소금이라고 하신 것입니다.

그런데 더욱 깨달아야 할 사실은 우리들 역시 누군가 도와주지 않으면 절대로 살 수 없는 존재라는 것입니다. 이에 대해서 주님은 비유로 이렇게 말씀하십니다. 우리는 주님에게 일만 달란트 빚진 자였는데 주님이 탕감해주셔서 구원 받았다고 말입니다. 그런데 왜 백 데나리온 빚진 자를 용서하지 못하느냐고 물으십니다.

5리를 가자고 하는 자에게 10리를 가주는 것은 억울한 일이 아니라 내가 받은 은혜에 비하면 백만분의 일도 안 되는 작은 일이라고 하십니다. 크리스천들이 이렇게 살아갈 때 우리의 착한 행실을 보고 악한 자들이 변화되어서 구원 받지 않겠느냐는 것이 하나님께서 우리에게 주시는 말씀입니다.

믿는 자들이 없다면 이 세상은 절망적입니다. 믿는 자들이 없다면 악한 자들은 영원히 구원 받을 수 없습니다. 그들에게 빛이 되고 소금이 되고 그들을 구원할 수 있는 유일한 길은 아무리 그들이 악한 마음으로 5리를 가자고 할지라도 10리를 가주는 것입니다. 아무리 그들이 악한 마음으로 오른편 뺨을 칠지라도 왼편 뺨까지 돌려 대주는 것입니다. 아무리 그들이 악한 마음으로 속옷을 달라고 할지라도 겉옷까지 벗어주는 것입니다.

이것이 그들을 구원하는 작은 예수가 세상에서 살아가야 할 삶의 방식입니다. 이것이 바로 은혜의 법입니다. 율법 중에 최고의 율법은 우리가 싫은 것은 남에게도 하게 말고 남에게 받고 싶은 것은 우리도 그렇게 대접해주는 것임을 잊지 마십시오.

그러므로 무엇이든지 남에게 대접을 받고자 하는 대로 너희도 남을 대접하라 이것이 율법이요 선지자니라(마 7:12)

대접

하루는 엘리사가 수넴에 이르렀더니 거기 한 귀한 여인이 저를 간권하여 음식을 먹게 한 고로 엘리사가 그곳을 지날 때마다 음식을 먹으러 그리로 들어갔더라 여인이 그 남편에게 이르되 항상 우리에게로 지나는 이 사람은 하나님의 거룩한 사람인 줄을 내가 아노니 우리가 저를 위하여 작은 방을 담 위에 짓고 침상과 책상과 의자와 촛대를 진설하사이다 저가 우리에게 이르면 거기 유하리이다 하였더라 하루는 엘리사가 거기 이르러 그 방에 들어가서 누웠더니 자기 사환 게하시에게 이르되 이 수넴 여인을 불러오라 곧 부르매 여인이 그 앞에 선지라 엘리사가 자기 사환에게 이르되 너는 저에게 이르라 네가 이같이 우리를 위하여 생각이 주밀하도다 내가 너를 위하여 어떻게 하랴 왕에게나 군대장관에게 무슨 구할 것이 있느냐 여인이 가로되 나는 내 백성 중에 거하나이다 하니라 엘리사가 가로되 그러면 저를 위하여 무엇을 하여야 할꼬 게하시가 대답하되 참으로 이 여인은 아들이 없고 그 남편은 늙었나이다 가로되 다시 부르라 부르매 여인이 문에 서니라 엘리사가 가로되 돌이 되면 네가 아들을 안으리라 여인이 가로되 아니로소이다 내 주 하나님의 사람이여 당신의 계집종을 속이지 마옵소서 하니라 여인이 과연 잉태하여 돌이 돌아오매 엘리사의 말한 대로 아들을 낳았더라(왕하 4:8-17)

대접(待接)은 기다릴 대(待)와 접할 접(接)이 만나서 이루어진 단어입니다. 즉 '음식을 차려서 손님을 대우하는 것'을 대접이라고 합니다. 옛날에 비하면 확실히 세상이 참 편안해졌습니다. 하지만 우리가 깨달아야 할 것은 '편안'과 '평안'은 엄연히 다르다는 것입니다. 편안해진 것은 분명하지만 평안해진 것 같지는 않습니다.

얼마 전까지만 하더라도 얼마나 어려웠습니까? 우리들의 할머니, 할아버지들 세대만 하더라도 힘겨운 보릿고개를 넘어야만 살 수 있었습니다. 그렇게 어렵고 힘든 시대였고 여름 나기가 버거웠지만 어느 집에 가더라도 밥 한 끼 정도는 눈치 보지 않고 얻어먹었습니다. 어떻게 이것이 가능합니까?

그 때는 인심이 있었습니다. 그런데 지금은 얼마나 살기 좋아졌습니까? 그럼에도 불구하고 미리 이야기를 하지 않으면 남의 집에 가서 밥 한 그릇 먹기가 여간 불편하고 부담스러운 것이 아닙니다.

대접의 원칙

그나마 우리나라는 아직까지 괜찮습니다. 그런데 선진국에 가면 '더치페이'(Dutch pay)라고 해서 자기 먹은 밥값만 정확하게 계산합니다. 참 인심이 고약하지 않습니까?

이것이 옳고 그름을 떠나서 참된 대접을 찾아보기 어려운 시대입니다.

성경은 대접에 대한 중요한 원칙들에 대하여 다음과 같이 말씀하십니다.

대접을 받고 싶은 그대로 대접하라

그러므로 무엇이든지 남에게 대접을 받고자 하는 대로 너희도 남
을 대접하라 이것이 율법이요 선지자니라(마 7:12)

첫 번째 대접의 원칙은 내가 이렇게 대접을 받았으면 좋겠다고
생각하는 그대로 남에게 대접하라는 것입니다. 즉 대접 받지 말고
대접하며, 신세 지지 말고 신세를 베풀며, 얻어먹는 자가 되지 말
고 주는 자가 되라고 말씀하십니다.

주 예수의 친히 말씀하신 바 주는 것이 받는 것보다 복이 있다 하
심을 기억하여야 할지니라(행 20:35)

이것이 세상의 시각과는 다른 우리들의 시각입니다. 세상은 잘
대접 받아야 기뻐하고 좋아합니다. 하지만 우리들은 잘 대접하는
것을 기뻐하며 좋아해야 합니다.

작은 대접도 반드시 그 상이 있다

선지자의 이름으로 선지자를 영접하는 자는 선지자의 상을 받을
것이요 의인의 이름으로 의인을 영접하는 자는 의인의 상을 받을
것이요 또 누구든지 제자의 이름으로 이 소자 중 하나에게 냉수
한 그릇이라도 주는 자는 내가 진실로 너희에게 이르노니 그 사람
이 결단코 상을 잃지 아니하리라 하시니라(마 10:41, 42)

두 번째 대접의 원칙은 작은 소자에게 주는 냉수 한 잔도 결코 그 상을 잃지 않는다는 것입니다.

부지중에 천사들이 있다

손님 대접하기를 잊지 말라 이로써 부지중에 천사들을 대접한 이들이 있었느니라(히 13:2)

세 번째 대접의 원칙은 내가 대접한 사람들 가운데 천사가 있다는 것입니다.

원종수 권사님의 간증 가운데 아직도 잊혀지지 않는 내용이 있습니다. 원 권사님이 어린 시절, 어머니께서 명절 즈음에 불쌍한 할아버지 한분을 집으로 모시고 왔다고 합니다. 옷을 무지하게 끼어 입은 할아버지입니다. 옛날 거지는 길에 가다가 옷만 있으면 다 주워 입습니다. 얼마나 옷을 끼어 입는지 날씬한 거지는 찾아볼 수가 없었습니다. 심지어 어떤 거지는 제대로 걷지도 못합니다. 그런 할아버지를 한 분 모시고 오더니 이렇게 말씀하시더랍니다.

"종수야, 목욕 시켜드리렴."

얼마나 더러운지 차마 손으로 옷을 벗기지 못하고 막대기를 끼어서 벗겼다고 합니다. 그렇게 목욕을 시켜드리는데 때가 뚝뚝 떨어지더랍니다. 다 목욕을 하고 난 후 옷을 입혀드려야 하는데 도저히 입던 옷을 그대로 입도록 할 수가 없더랍니다. 그래서 어머니에게 물었답니다.

"엄마, 할아버지 뭐 입혀 드리지?"

"명절 때 입으려고 아껴 놓은 네 새 옷 있잖아, 그거 입혀 드려."

설날 입으려고 아껴놓은 옷입니다. 자기도 아끼고 입지 않은 옷을 드리라고 하니까 너무 속이 상한 겁니다. 순간 시험이 들더랍니다. 하지만 순종하여 그 옷을 입혀드렸습니다.

원종수 권사님은 아버님이 일찍 돌아가셨기 때문에 너무나도 힘들고 고생하면서 자랐다고 합니다. 그렇게 힘들게 서울대학을 입학했지만 공부만 할 수 있는 형편도 아닌지라 열심히 아르바이트를 했습니다. 그렇게 첫 월급을 타던 날, 어머니에게 고기를 사드리고 싶은 부푼 마음에 고향으로 내려갔습니다.

집으로 가는 버스 안에서 너무 불쌍한 할아버지를 만난 것입니다. 딱 보기에도, 누가 보더라도 너무 불쌍한 할아버지입니다. 그런데 그 할아버지를 보는 순간 이런 감동이 오더랍니다.

'종수야! 네가 가진 돈을 저 할아버지에게 드려라.'

어머니에게 고기 사드리려고 가지고 가는 돈인데 자꾸만 마음속에 할아버지에게 그 돈을 드리라고 하는 감동이 옵니다. 할아버지가 빨리 버스에서 내려주시기라도 하면 더 이상 갈등하지 않아도 될 것인데 그 할아버지가 끝까지 가더라는 겁니다. 어쩔 수 없이 할아버지에게 첫월급을 모두 드렸다고 합니다. 조금만 떼어서 드려도 되었지만 다 드렸다고 합니다.

집에 가니까 엄마가 묻습니다.

"종수야, 웬일로 왔니?"

도저히 있었던 일을 말할 수 없더랍니다. 그래서 그냥 왔다고 하고 말았답니다.

서울대학교를 졸업하고 병원에서 인턴 실습을 하는데 한 쪽에서 웅성웅성하더랍니다. 그래서 가보니까 할아버지 한 분이 퉁퉁 부은 다리로 계시더랍니다. 할아버지는 다리를 치료해달라고 하고 병원 측에서는 돈이 없으니까 안 된다고 합니다. 이렇게 옥신각신하는 모습을 보고 있자니 그 할아버지가 너무나도 불쌍한 것입니다.

'내가 고쳐드려야 하겠다.'

그래서 자기 월급에서 제하기로 하고는 그분을 치료해줬습니다.

원종수 권사님은 이 모든 것들을 다 잊었습니다. 열심히 공부하였고, 아무 연고도 없는 미국으로 유학을 가게 됩니다. 이제 하나님 한분만 의지하고 공부합니다. 그런데 한 교회에서 간증을 해달라고 합니다. 뭘 간증해야 할지 몰라 하나님께 묻습니다.

'무슨 간증을 할까요?'

기도하는 가운데 갑자기 버스 속에서 만났던 불쌍한 할아버지, 집에 모시고 왔던 불쌍한 할아버지, 병원에서 만났던 불쌍한 할아버지가 마치 스크린의 화면처럼 보이더라는 겁니다. 이 모든 장면들이 탁! 탁! 탁! 지나가더니 주님의 음성이 들렸다고 합니다.

"That was me(그게 바로 나였다)."

희한하지 않습니까? 한국에서 기도하면 한국말로 응답하시는데 미국에서 기도하니까 영어로 응답하십니다. 그 말을 듣는 순간 가슴이 덜컹 내려앉았다고 합니다.

'그런 줄 알았다면 그때 그 할아버지 옷을 손으로 벗겨드릴 것을… 왜 내가 막대기로 옷을 벗겼을까?'

부지중에 천사를 대접한다는 말씀은 성경 속에만 있는 것이 아니라 우리 삶의 주변에도 얼마든지 있을 수 있음을 깨달으십시오.

원망 없이 대접하라

　　서로 대접하기를 원망 없이 하고 (벧전 4:9)

네 번째 대접의 원칙은 원망 없이 하는 것입니다.

대접한 믿음의 조상들

아브라함

성경 속에 대접을 통하여 축복 받은 사람들이 있습니다. 하나님은 아브라함을 향하여 친구라고 했습니다. 아브라함에게 별처럼 많은 자손을 주시겠다고 약속하셨습니다. 또 아브라함을 믿음의 조상으로 삼으시겠다고 하셨습니다. 그런데 말씀만 하시고 꿈만 꾸게 하셨지 그 꿈을 곧바로 이루어주신 것은 아닙니다.

이 꿈과 말씀이 현실이 되는 결정적 전환점이 언제인지 아십니까? 창세기 18장입니다. 창세기 18장을 보면 아브라함이 천사를 대접하는 장면이 나옵니다. 즉 천사를 대접하는 사건을 통해서 꿈과 말씀이 현실이 됩니다.

가로되 내 주여 내가 주께 은혜를 입었사오면 원컨대 종을 떠나 지나가지 마옵시고 물을 조금 가져오게 하사 당신들의 발을 씻으시고 나무 아래서 쉬소서 내가 떡을 조금 가져오리니 당신들의 마음을 쾌활케 하신 후에 지나가소서 당신들이 종에게 오셨음이니이다 그들이 가로되 네 말대로 그리하라 아브라함이 급히 장막에 들어가 사라에게 이르러 이르되 속히 고운 가루 세 스아를 가져다가 반죽하여 떡을 만들라 하고 아브라함이 또 짐승 떼에 달려가서 기름지고 좋은 송아지를 취하여 하인에게 주니 그가 급히 요리한지라 아브라함이 뻐터와 우유와 하인이 요리한 송아지를 가져다가 그들의 앞에 진설하고 나무 아래 모셔 서매 그들이 먹으니라

(창 18:3-8)

어떻게 대접해야 합니까? 쾌활케 해야 합니다. 찜찜하게 대접하면 안 됩니다. 대접하는 사람이나 대접 받는 사람이나 모두 찜찜하면 안 됩니다. 아브라함처럼 대접 받는 사람이 쾌활하도록 대접해야 됩니다. 아브라함은 떡과 송아지, 우유, 버터로 천사들을 대접했습니다. 그러니까 약속만 하셨던 하나님께서 비로소 말씀하십니다.

네 아내 사라에게 아들이 있으리라(창 18:10)

그때 사라의 나이가 여든 아홉 살입니다. 아브라함은 아흔 아홉 살입니다. 게다가 사라는 이미 여자로서 아기를 낳을 수 있는 몸

상태가 아닙니다. 오죽하면 사라가 천사의 말을 듣는 순간 기가 막혀서 장막 뒤에서 웃었겠습니까? 그런데 놀라운 사실은 그 날로 사라의 몸에 아기가 잉태되었다는 것입니다. 이것이 대접의 신비입니다. 이것이 대접의 원리요, 대접의 축복입니다.

롯

창세기 19장을 보면 롯이 천사를 대접하는 장면이 나옵니다. 아브라함에게는 세 천사가 왔고 롯에게는 두 천사가 왔습니다.

> 롯이 간청하매 그제야 돌이켜서 그 집으로 들어오는지라 롯이 그
> 들을 위하여 식탁을 베풀고 무교병을 구우니 그들이 먹으니라
> (롯19:3절)

18장에 나오는 아브라함의 대접의 수준과 19장에 나오는 롯의 대접의 수준을 비교해 보십시오. 너무 차이가 나지 않습니까? 아브라함의 가정은 아브라함, 사라, 종 이렇게 모든 식구가 동원되어 대접했습니다. 대접한 음식을 보더라도 송아지, 우유, 버터, 치즈, 떡, 물… 최선을 다했습니다.

그런데 롯의 가정은 어느 식구도 함께 대접하지 않았습니다. 그 집에는 아내와 두 딸 즉 여자가 셋이나 되었지만 롯 혼자 무교병을 구워서 천사를 대접했습니다. 그나마 대접한 내용까지도 너무 빈약합니다. 천사가 대접은 받았지만 쾌활한 게 아니라 찜찜합니다.

이처럼 가정에 충실하지 못한 여자는 믿음이 없는 여자입니다. 믿음을 가정의 충실함으로 나타내십시오. 믿음의 충실함을, 믿음 있음을 가정의 충실함으로 나타내십시오.

가정에 충실하지 못하니까 어떤 현상이 일어났습니까? 롯의 아내는 소돔 고모라가 멸망할 때 뒤를 돌아봐서 소금기둥이 되어버렸습니다. 또 롯의 딸들은 아버지에게 술을 마시게 한 후 동침을 하고 맙니다.

야곱

야곱이 아버지 이삭을 대접하고 축복 받는 말씀이 창세기 27장에 나옵니다. 이삭과 야곱은 부자지간입니다. 이삭에게 자식이라고는 쌍둥이 아들 에서와 야곱 둘뿐입니다. 그러니 재산을 모두 누구에게 주겠습니까? 아들에게 주는 것이 맞습니다. 그런데도 그냥 주지는 않겠다고 합니다. 이것이 성경문화입니다. 성경의 원리에서는 부자지간에도 공짜가 없습니다.

> 이삭이 가로되 내가 이제 늙어 어느 날 죽을는지 알지 못하노니
> 그런즉 네 기구 곧 전통과 활을 가지고 들에 가서 나를 위하여 사
> 냥하여 나의 즐기는 별미를 만들어 내게로 가져다가 먹게 하여 나
> 로 죽기 전에 내 마음껏 네게 축복하게 하라 (창 27:2~4)

아버지의 말씀에 순종합니다. 그 하나님의 원리대로 이스라엘

사람들은 살아가기에 믿음의 유산과 축복의 유산이 잘 대물림되고 있습니다. 그냥 물려주지 않습니다. 그냥 축복해주지 않습니다. 왜 그렇게 합니까? 심지 않고는 거둘 수 없다는 진리를 자식에게 가르쳐주기 위함입니다. 그것이 교육이고 대접 속에 감추어진 하나님의 축복입니다.

사르밧 과부

열왕기상 17장을 보면 엘리야를 대접한 사르밧 과부에 대하여 말씀하십니다. 온 나라에 가뭄이 들었습니다. 단순히 한 나라의 가뭄이 아니라 세계적인 가뭄입니다. 세계적인 가뭄 속에도 하나님은 사르밧 과부를 기억하셨습니다.

참으로 은혜가 되지 않습니까? 아무리 세상이 어려워도 하나님이 기억하시는 사람이 있습니다. 세상 사람들의 죄악이 관영한 그 때에도 하나님은 노아를 기억하셨습니다. 이처럼 아무리 세상이 어려워도 하나님이 기억하시는 사람이 되어야 합니다. 삼년 반 기근 가운데 모두 굶어죽게 생겼을 때 하나님은 사르밧 과부를 기억하셨습니다.

우리 주님 역시 십자가의 사건을 앞두고 겟세마네 동산에서 기도하실 때 그 짧은 순간에도 구원해야 할 자들을 기억하셨습니다. 그렇기 때문에 예수 그리스도를 제대로 만난 사람이라면 누구라도 이렇게 고백할 수밖에 없는 것입니다.

내가 그리스도와 함께 십자가에 못 박혔나니 그런즉 이제는 내가
산 것이 아니요 오직 내 안에 그리스도께서 사신 것이라 이제 내
가 육체 가운데 사는 것은 나를 사랑하사 나를 위하여 자기 몸을
버리신 하나님의 아들을 믿는 믿음 안에서 사는 것이라 (갈 2:20)

이러한 은혜를 받은 우리들이라면, 예수님께서 십자가에서 못
박혀 죽으시기 전에 기억된 우리들이라면 이제 우리들의 삶의 방
향은 주님을 위해서 살아야 합니다.

수많은 사람 중에 왜 하나님은 사르밧 과부를 기억하셨습니까?
과부가 무엇입니까? 단순히 혼자 된 여인이 과부입니까? 아닙니
다. 혼자 된 여인이라는 것은 주어진 상황이고 사실 이때 과부란
힘없고 아무런 배경도 없는 사람, 돈 없고 늙은 자들을 상징합니
다. 누구 하나 돌봐줄 사람 없고, 누구 하나 도와줄 사람 없고, 누
구 하나 밀어줄 사람 없고, 하나님이 도와주시지 않으면 살 수 없
는 모든 관계가 끊어진 자가 바로 과부입니다. 하나님은 바로 그런
사람을 기억하십니다.

사르밧 과부 한 명 살리자고 수백 리 길 떨어진 엘리야를 그곳에
보내십니다. 갔더니 사르밧 과부가 나뭇가지를 줍고 있습니다. 엘
리야가 묻습니다.

"무엇 하십니까?"

"나뭇가지를 줍고 있나이다."

"뭐 하려고 하십니까?"

"기근 속에 살 길이 막막합니다. 밀가루 통을 보니 가루가 한 줌 남았습니다. 그래서 기름 조금 있는 것으로 마지막 떡을 만들어 먹고 죽으려고 합니다."

"그것으로 나를 대접하십시오."

죽었다 깨어나도 나라면 그렇게 말하지 못할 것 같습니다. 차라리 내가 굶어 죽으면 죽었지 그렇게 하지 못할 것 같은데 역시 엘리야입니다.

이 때 두 가지로 반응할 수 있습니다.

"말세에 정말 주의 종 잘 만나야 돼. 벼룩의 간을 빼먹지, 세상에 먹고 죽으려고 하는데 그걸 가지고 오라는 거야? 저게 주의 종이야? 삯꾼이지."

"그래, 한 끼 더 먹으면 뭐하고 덜 먹으면 뭐 하겠냐? 어차피 먹고 죽을 거, 한 끼 당겨 죽고 주의 종을 대접하자."

이것이 은혜 받은 사람입니다. 이 사르밧 과부는 떡을 해서 대접합니다.

이 대목까지는 억지로 이해할 수도 있습니다. 하지만 그렇게 해서 가지고 온 떡인 것을 뻔히 아는데 저라면 도저히 먹을 수 없을 것 같습니다. 말은 그렇게 했지만 사르밧 과부에게 먹으라고 줄 것 같습니다. 그런데 엘리야는 다 먹습니다. 그리고 이렇게 이야기합니다.

이스라엘 하나님 여호와의 말씀이 나 여호와가 비를 지면에 내리

는 날까지 그 통의 가루는 다하지 아니하고 그 병의 기름은 없어

지지 아니하리라 하셨느니라(왕상 17:14)

이것이 대접으로 얻은 축복의 기적입니다.

하나님은 반드시 심고 거두십니다. 하나님은 반드시 행한대로

갚으십니다. 이것이 '대접'의 원리입니다.

스스로 속이지 말라 하나님은 만홀히 여김을 받지 아니하시나니

사람이 무엇으로 심든지 그대로 거두리라(갈 6:7)

보라 내가 속히 오리니 내가 줄 상이 내게 있어 각 사람에게 그의

일한대로 갚아 주리라(계 22:12)

나는 은혜 줄 자에게 은혜를 주고 긍휼히 여길 자에게 긍휼을 베

푸느니라(출 33:19)

하나님이 아무에게나 은혜를 주시는 것 같지만 그렇지 않습니

다. 행한 대로 갚아주시는 하나님이십니다. 하나님은 은혜 받을 자

에게 은혜를 주시고, 축복 받을 자에게 축복을 주십니다.

수넴 여인

열왕기하 4장을 보면 수넴 여인이 엘리사를 대접한 사건이 나옵

니다. 수넴 여인과 다른 사람들과의 차이점은 일회적인 대접이 아니라 엘리사가 올 때마다 방을 마련하고 침상과 책상과 의자와 촛대를 준비해 놓았다는 겁니다. 즉 지금 말로 하자면 공부하고 설교 준비할 수 있는 장소를 제공하여 대접한 것입니다. 그런데 일회적인 대접이 아니라 엘리사가 올 때마다 집으로 편히 모셨습니다.

지금으로 치자면 엘리사는 신학교 교장 정도의 사람입니다. 그러니 그의 할 일은 공부입니다. 그러니까 책 보고 공부도 하고 편히 쉴 수 있도록 책상과 불을 준비했습니다.

그런데 이 수넴 여인에 대하여 성경은 보통 여인이 아니라 한 귀한 여인이라고 말씀합니다.

하루는 엘리사가 수넴에 이르렀더니 거기 한 귀한 여인이 저를 간권하여 음식을 먹게 한고로 엘리사가 그곳을 지날 때마다 음식을 먹으러 그리로 들어갔더라 (왕하 4:8)

역시 수준 있는 여자는 하는 일도 수준이 있습니다. 꼭 뭔가 있는 사람만 좋은 일을 하는 것은 아닙니다. 누가복음 12장에 나오는 부자나 누가복음 16장에 나오는 부자가 좋은 일을 했습니까? 아닙니다. 그 사람들은 부자였지만 좋은 일은 하지 않고 혼자 먹고 마시고 즐기다가 죽었습니다. 그래서 성경은 그들은 향하여 어리석은 부자라고 부릅니다.

수넴 여인을 보십시오. 얼마나 규모가 있는 여인입니까?

엘리사가 자기 사환에게 이르되 너는 저에게 이르라 네가 이같이
우리를 위하여 생각이 주밀하도다 내가 너를 위하여 어떻게 하랴
왕에게나 군대장관에게 무슨 구할 것이 있느냐 여인이 가로되 나
는 내 백성 중에 거하나이다 하니라 (왕하 4:13)

이 수넴 여인을 향하여 8절에서는 '귀한 여인'이라고 하고 13절
에서는 '주밀한 여인'이라고 합니다. 주밀하다는 말은 허술한 구
석이 없이 두루 세밀하다는 뜻입니다.

엘리사가 가만히 생각해보니까 자꾸만 신세를 져서 미안합니다.
그래서 종 게하시를 불러 말합니다.

"가서 그 수넴 여인에게 물어봐라. 계속 얻는 것이 미안한데 내
가 뭐 그 여자를 도와줄 것이 없는가를 물어봐라. 왕에게나 장관에
게 구할 것 있으면 얘기하라고 해라."

아무래도 엘리사의 수준이 왕이나 장관과 통했나 봅니다. 부탁
만 하면 들어주겠다고 합니다.

이때 수넴 여인의 훌륭한 점이 여실히 드러납니다. 다른 여인 같
으면 부탁할 것이 철철 넘칠 것인데 이 수넴 여인은 괜찮다고 거절
합니다. 그런데 게하시가 알아보니까 이 여인에게 아이가 없습니
다. 그것을 알게 된 게하시가 엘리사에게 가서 고합니다.

"선생님, 그 여인이 다른 것은 모두 완벽한데 아기가 없습니다."

남편이 너무 늙어서 아기를 생산할 능력이 되지 못합니다. 그때
엘리사가 이렇게 축복합니다.

"내년 이맘 때 네가 아들을 안으리라."

이 여인에게 베풀어준 엘리사의 축복은 물질의 축복과는 비할 것이 아닙니다. 이 축복은 이 여자에게 있어서 그 무엇과도 바꿀 수 없는 가장 필요하고 가장 절실한 축복입니다.

남편이 너무 늙어 전혀 아기를 낳을 수 없는데 이렇게 말하니까 믿기지 않습니다.

신앙인과 불신앙인의 다른 점이 무엇입니까?

> 예수께서 이르시되 할 수 있거든이 무슨 말이냐 믿는 자에게는 능
> 치 못할 일이 없느니라 하시니 (막 9:23)

믿는 것입니다.

대접으로 인하여 축복의 자식을 얻었습니다. 그런데 그만 이 자식이 갑자기 머리가 아프다고 하더니 죽고 맙니다. 어렵게 얻은 자식이 죽었으니 차라리 낳지 않은 것만도 못합니다. 처음부터 없었으면 모를까 생겼다 없어져버리니 수넴 여인이 너무나도 막막합니다. 다시 엘리사를 불렀습니다. 그리고 엘리사는 기도로 살려냅니다. 이것이 대접으로 받은 축복입니다.

예수님을 대접한 사람들

여섯 번째 신약성경으로 넘어옵니다. 예수님은 한번도 대접을 거절하신 적이 없습니다. 대접만 하겠다고 하시면 여자건 남자건

죄인이건 세리건 상관없이 받으셨습니다. 이런 것을 본 사람들은 비난도 했습니다.

> 예수께서 다시 바닷가에 나가시매 무리가 다 나아왔거늘 예수께
> 서 저희를 가르치시니라 또 지나가시다가 알패오의 아들 레위가
> 세관에 앉아 있는 것을 보시고 저에게 이르시되 나를 좇으라
> (막 2:13)

> 그의 집에 앉아 잡수실 때에 많은 세리와 죄인들이 예수와 그 제
> 자들과 함께 앉았으니 이는 저희가 많이 있어서 예수를 좇음이러
> 라(막 2:15절)

요즘 세리는 참 깨끗하지만 신약시대의 세리는 그렇지 않았습니다. 때문에 세리는 도저히 천당 못 가는 죄인이라고 생각했습니다. 그런데 예수님이 그런 세리의 집에 들어갔습니다. 바리새인과 서기관들은 예수께서 죄인과 세리들과 함께 잡수시는 것을 보고 이렇게 비난합니다.

"어찌하여 세리와 죄인과 함께 밥 먹느냐?"

그때 예수님이 뭐라고 하십니까?

> 예수께서 들으시고 저희에게 이르시되 건강한 자에게는 의원이
> 쓸 데 없고 병든 자에게라야 쓸 데 있느니라 내가 의인을 부르러

온 것이 아니요 죄인을 부르러 왔노라 하시니라(막 2:7)

그러더니 시치미 뚝 떼고 잡수십니다. 죄인이 대접하든, 마리아
가 대접하든, 주님은 대접을 거절하지 않으셨습니다. 그리고 예수
님을 대접한 사람들은 모두 축복을 받았고, 구원을 받았고, 아름다
운 간증을 남겼습니다.

다비다와 고넬료와 루디아
그 밖에도 아름다운 대접이 있습니다.

욥바에 다비다라 하는 여제자가 있으니 그 이름을 번역하면 도르
가라 선행과 구제하는 일이 심히 많더니(행 9:36)

선행과 구제를 많이 한 다비다라 하는 여제자가 있었습니다.

가이사랴에 고넬료라 하는 사람이 있으니 이달리야 대라 하는 군
대의 백부장이라 그가 경건하여 온 집으로 더불어 하나님을 경외
하며 백성을 많이 구제하고 하나님께 항상 기도하더니(행 10:1, 2)

고넬료도 항상 경건하고 하나님을 경외하며 백성을 많이 구제한
사람입니다.

두아디라 성의 자주 장사로서 하나님을 공경하는 루디아라 하는
한 여자가 들었는데 주께서 그 마음을 열어 바울의 말을 청종하게
하신지라 저와 그 집이 다 침례를 받고 우리에게 청하여 가로되
만일 나를 주 믿는 자로 알거든 내 집에 들어와 유하라 하고 강권
하여 있게 하니라(행 16:14, 15)

대접의 중요성

왜 대접이 중요합니까?

첫 번째로 율법이며 선지자의 강령이기 때문입니다. 강령이라
함은 일에 으뜸이 되는 큰 줄기를 뜻합니다. 정당 같은 곳에서 단
체의 입장이나 목적이나 방침이나 계획 또는 운동의 순서 등을 요
약해서 열거한 것을 강령이라고 하지 않습니까? 선지자와 율법의
강령이 무엇입니까? 대접입니다.

두 번째로 대접은 사랑의 실천이기 때문입니다.

세 번째로 대접은 다른 사람에게 하는 것이 아니라 곧 주님에게
하는 것이기 때문입니다.

네 번째로 대접은 복 받는 비결이기 때문입니다.

배 려

예수께서 대답하여 가라사대 어떤 사람이 예루살렘에서 여리고로 내려가다가 강도를 만나매 강도들이 그 옷을 벗기고 때려 거반 죽은 것을 버리고 갔더라 마침 한 제사장이 그 길로 내려가다가 그를 보고 피하여 지나가고 또 이와 같이 한 레위 인도 그곳에 이르러 그를 보고 피하여 지나가되 어떤 사마리아인은 여행하는 중 거기 이르러 그를 보고 불쌍히 여겨 가까이 가서 기름과 포도주를 그 상처에 붓고 싸매고 자기 짐승에 태워 주막으로 데리고 가서 돌보아 주고 이튿날에 데나리온 둘을 내어 주막 주인에게 주며 가로되 이 사람을 돌보아 주라 부비가 더 들면 내가 돌아올 때에 갚으리라 하였으니 네 의견에는 이 세 사람 중에 누가 강도 만난 자의 이웃이 되겠느냐 가로되 자비를 베푼 자니이다 예수께서 이르시되 가서 너도 이와 같이 하라 하시니라(눅 10:30-37)

이 짧은 본문 가운데 참 많은 인물들이 등장합니다. 예수님, 강도 만난 한 사람, 강도, 한 제사장, 한 레위인, 어떤 사마라아인, 주막 주인, 어떤 율법자… 모두 여덟 부류의 사람들이 등장합니다. 그런데 재미있는 사실은 예수님 외에는 그 누구도 확실한 사람이 없다는 겁니다. 어떤 사람, 강도, 한 제사장, 한 레위인, 어떤 사마리아인, 어떤 율법사… 모두 이런 식으로 확실하게 이름이 나오지 않습니다. 왜냐하면 본문의 말씀은 실제 있었던 사실이 아니라 참된 이웃에 대하여 설명하기 위하여 주님께서 예를 든 것이기 때문입니다.

그렇다면 이 본문으로 연극을 한다면 무슨 역할을 맡고 싶습니까? 아마도 대부분의 사람들은 사마리아인 역을 맡고 싶어 할 것입니다. 그렇다면 우리의 삶 가운데에서 그렇게 행하십시오. 그것이 본문이 전하고자 하는 교훈입니다.

사마리아인의 역할은 사실 희망사항이고, 우리들이 처해 있는 상황은 솔직히 강도 만난 사람입니다. 이 세상을 살아가고 있는 우리들은 사마리아 사람의 역할을 희망하지만 사실은 마귀에게 진탕 얻어터지고 강도에게 진탕 얻어터지고 질병에게 진탕 얻어터지고 환란으로 진탕 얻어터진 강도 만난 사람과 같지 않습니까?

물론 어떤 역할을 맡느냐에 따라 달라지겠지만, 우리가 만일 강도 만난 사람의 역할이라면 사마리아인처럼 내게 진정한 이웃이 되어주실 분은 누구이십니까? 우리의 이웃 되시고 친구 되시는 예수님입니다. 내가 강도 만난 자의 역할일 때 예수님은 기꺼이 사마리아인 역할을 맡아주십니다.

강도 만난 우리에게 예수님께서 선한 사마리아인이 되어준 것처럼 우리들도 세상 가운데에서 강도 만난 이웃들의 사마리아인이 되라는 가르침이 본문 말씀입니다.

강도 만난 자를 바라보는 사마리아 사람의 심정이 어땠습니까?

불쌍하게 여겨졌습니다. 이에 대하여 영어 성경은 'When he saw him, he took pity on him.' 이라고 번역되어 있습니다. 강도 만나서 모든 것을 빼앗기고 이제 죽게 된 그 사람을 불쌍히 보시는 주님께서 마귀에게 모두 빼앗기고 거반 죽게 된 우리들을 바라보실 때 같은 심정이 아니시겠습니까?

강도 만난 자는 두 데나리온이면 충분히 해결할 수 있었습니다. 하지만 우리는 자기 생명으로 대신해야만 구원할 수 있는 존재였습니다. 즉 주님이 보실 때 우리들은 두고 보기에도 아까운 불쌍하고 가련한 존재였다는 것입니다. 선한 사마리아인의 눈에 강도 만난 자가 한없이 불쌍하듯 예수님의 눈에 우리들 역시 한없이 불쌍한 존재입니다.

배신 그리고 배려

배신과 배려는 참으로 다릅니다. 배신은 등 배(背)와 믿을 신(信)이 만나 이루어진 단어입니다. 즉 배신이란 '신의를 저버리는 것'입니다. 한자 그대로 그 뜻을 풀자면 등을 믿은 것이 배신입니다. 얼굴을 믿어야 하는데 등을 믿으면 배신이 됩니다. 반면 배려는 짝 배(配)와 생각 려(慮)가 만나서 이루어진 단어입니다. '짝을 생각하는 것', '이리 저리 마음을 써주는 것' 이 배려입니다.

분명히 배려는 좋은 것이고 배신은 나쁜 것입니다. 배려는 은인이 되는 것이고, 배신은 원수가 되는 것입니다. 그런데 이 두 단어는 한 나라의 문화와 개념에 따라 달라질 경우가 많습니다. 대체로 배신이 많을수록 후진국이고 배려가 많을수록 선진국입니다.

잘 사는 나라일수록 배려가 많습니다. 물론 이렇게 될 수 있기에는 여러 가지 요인이 있습니다. 무엇보다 넉넉하니까 많이 배려할 수 있기도 합니다. 또 가진 것이 없으니까 후진국일수록 배려보다는 배신이 많을 수도 있습니다. 삶이 궁핍하기 때문에 그렇다고는 하지만 후진국에서는 배신이 참 많습니다. 이를테면 제자가 스승을 배신합니다. 직원이 사장을 배신합니다. 심지어 기껏 가르치고 키워놓은 직원이 바로 앞에 사업장을 차리기도 합니다. 이런 것이 배신 아닙니까? 교회도 다르지 않습니다. 부목사를 열심히 가르쳐서 키워놓으니까 마당 앞에 교회를 개척하는 일도 있습니다. 심지어는 부모를 배신하는 자식도 있습니다. 하도 배신을 많이 당하다 보니까 '아예 믿지 않으면 배신당할 것도 없겠지.' 생각하고 처음부터 믿지 않습니다. 배신이 반복된 후에 내린 나름의 처방입니다.

'네 말은 콩으로 메주를 쑨다고 해도 안 믿는다.'

물론 이렇게 산다면 배신당할 일은 없습니다. 믿는 도끼에 발등 찍히기 전에 아예 믿는 도끼를 만들지 않습니다. 그런데 이렇게 살아가다 보면 다른 사람에게 정(情)도, 사랑도 아예 주지 않게 됩니다.

똑같은 상황에서 상대방을 사랑하면 배려가 되고 나를 사랑하면 배신이 된다는 것을 아십니까? 왜 우리들이 배신을 합니까? 자기중심적이기 때문입니다. 자기만 사랑하기 때문입니다. 상대편을 사랑하고 상대편의 입장을 고려하지 않기 때문입니다.

목사님들이 종종 착각하는 것이 있습니다. 교회를 개척한 후 병들고 가난하고 어려운 사람을 전도했습니다. 그 성도를 위해서 참 많은 기도를 쌓았습니다. 정말 하나님의 축복으로 그 교인이 잘 살게 되었습니다. 그렇게 오랜 세월이 지났습니다.

그런데 이 교인에게 문제가 생긴 것입니다. 이 성도가 아무리 교회를 나와도 은혜가 안 되는 겁니다. 은혜가 안 되는 것도 한두 번이고, 일이 년이지, 너무 길어지니까 도저히 못 견디겠습니다. 그래서 고민하기 시작합니다. 그렇게 말씀의 고갈로 고민하다가 생전 하지 않던 영적인 외도까지 하기 시작했습니다.

이 교회 저 교회 기웃거립니다. 그러다가 한 교회에서 은혜를 받게 되었습니다. 몇 달을 고민합니다. 하지만 아무래도 자신부터 영적으로 살아야 되겠다는 생각이 듭니다. 그래서 교회를 옮기기로 작정합니다.

이런 일이 있을 때 10명 가운데 9명의 목사님들은 배신당했다는 감정을 느낍니다. 그 성도가 어려울 때 기도해주고 병들어 죽게 되었을 때에도 기도해서 고침받았는데 이제 와서 의리를 저버리고 갔으니 정말 너무하다고 합니다. 그리고는 세상에 믿을 교인 하나도 없다고 합니다. 대부분의 목사님들은 이렇게 생각합니다.

그때 배신이라고 생각하지 말고 그 성도의 입장에서 '배려'라는 사고로 전환하십시오. 물론 자기 입장에서는 배신당한 것이 맞습니다. 하지만 그 사람의 입장이 되어보자는 것입니다. 도저히 은혜가 안 되는 겁니다. 참고 신앙생활하는 것도 어느 정도이지, 도저히 견딜 수 없기에 자기도 살아보겠다고 멀리 떠난 것이니 꼭 배신이라고 생각하지 말고 그 사람에게 살 길을 열어준 배려라고 생각하자는 것입니다.

이처럼 내가 중심에 서면 배신이요, 그 사람이 중심에 서면 배려가 됩니다.

이런 상담을 해오는 성도들이 있습니다.

"목사님, 아무리 생각해도 이민을 가야 될 것 같습니다."

"목사님, 아무래도 서울로 이사를 가야 되겠습니다."

이 때 두 마음이 목사의 마음속에서 싸웁니다.

'붙잡아야 된다. 못 가게 붙잡아야 된다.'

'보내야 된다. 내 개인적인 욕심을 부려서는 안 된다. 더 넓은 세계로 보내야 된다.'

이 때 저는 가라고 할 때가 많습니다.

"가십시오. 넓은 세계에 가서 꿈을 펼치십시오."

사실 저로서는 굉장히 어렵게 내린 결정입니다. 정말 내가 생각해도 굉장히 수준 있는 결정을 내렸습니다. 그런데 그 성도가 다니면서 뭐라고 하는 줄 아십니까?

"세상에, 내가 다른 교회를 간다고 하는데 목사님은 붙잡지도 않더라고."

이런 교인들을 통해서 배운 것이 있습니다. 어디가 되었든 간다고 하면 무조건 붙잡아야 된다는 사실입니다. 저는 그 사람을 생각해서 한 배려가 그 사람에게는 또 다른 배신으로 다가온 것입니다.

정리합니다. 나를 위하면 배신이고 그를 위하면 배려입니다.

성경문화를 꽃피운 사람들의 일생을 보면 배려의 삶이었습니다. 반대로 세상문화를 꽃 피운 사람들을 보면 배신의 인생입니다. 그래서 그것은 사랑의 차이입니다. 사랑의 중심이 나를 향해 있으면 매사가 배신이지만, 사랑의 중심이 그를 향해 있으면 매사가 배려가 됩니다.

아브라함과 롯

창세기 13장에는 아브라함과 조카 롯이 헤어지는 장면이 나옵니다. 아브라함과 조카 롯이 어떤 관계입니까? 아브라함이 아버지 없는 조카 롯을 데려다가 자식처럼 키웠습니다. 그렇게 먹고 살 수 있는 기반까지 닦아주었습니다. 그런데 이 두 사람이 너무 부자가 되고 보니까 도저히 같이 기거할 수 없게 된 것입니다. 그래서 아브라함이 조카 롯에게 삶의 터전을 나누자고 합니다. 만일 이 때 롯이 좀 괜찮은 사람이었다면 이렇게 말하는 것이 마땅하지 않습니까?

"큰아버지, 내가 오늘 이만큼 먹고 살게 된 게 다 큰아버지 덕인데 날 보고 어디를 가라고 하십니까? 내 것을 모두 큰아버지에게 붙여 한 팀을 이루면 싸울 것 없잖아요. 다 붙일 테니까 떠나라고만 하지 마세요."

이랬다면 얼마나 기특했겠습니까? 아니 그렇게까지 하지는 못할지라도 적어도 이렇게는 할 수 있어야 하는 것 아닙니까?

"내가 오늘 이만큼 살게 된 게 다 큰아버지 덕인데 무슨 말씀이십니까? 저야 젊으니까 어디 가면 못 살겠어요? 큰아버지가 먼저 정하십시오. 그러면 제가 반대로 가겠습니다."

이 정도의 매너와 인격은 갖추어야 합니다.

목회를 하면서 보니까 싹수가 없는 사람은 어떻게 해도 안 됩니다. 왜냐하면 하나님은 인격적인 분이시므로 싸가지 없는 사람을 통해서는 역사하시지 않기 때문입니다. 비인격자 속에는 인격적인 하나님께서 자리 잡을 곳이 없습니다. 싸가지가 뭡니까? 인격이 뭡니까? 은혜를 잊지 않는 마음입니다. 희생할 줄 아는 마음입니다. 양보할 줄 아는 마음입니다. 배려할 줄 아는 마음입니다. 배려한다고 해서 손해를 보는 것도 아닙니다. 배신을 당하면 손해를 보기도 하지만 배려하는 자는 손해보지 않습니다.

똑같은 상황이지만 그를 사랑하면 배려가 되고 나를 사랑할 때 배신이 됩니다.

지금까지 인생을 살아오면서 얼마나 숱하게 많은 배신감을 느꼈습니까? 그런데 그것이 어찌 보면 내가 배신을 당한 것이 아니라 내가 상대방을 배려하지 못한 것은 아닙니까? 반대로 여러분은 얼마나 많은 사람들에게 배신감을 심어주며 살았습니까? 내가 당한 것만 느끼고 기억하니까 그렇지 어쩌면 여러분이 당한 배신보다 훨씬 더 많은 배신을 심으면서 살았을지도 모릅니다.

이 때 아브라함이 조카 롯을 보면서 뭐라고 합니까?

"속상하다. 롯처럼 싸가지 없는 놈은 처음 봤다."

이렇게 하지 않았습니다. 대신 조카 롯을 배려합니다.

"네가 좋은데 가서 살거라."

그러니까 섭섭할 것이 없습니다.

그렇다면 지금까지 왜 사람들에 대하여 섭섭했는지 알겠습니까? 상대방에 대한 배려가 없었기 때문입니다. 배려하면 배신이 모두 사라집니다.

배려란?

남의 행복을 도모하는 것

배려란 남의 행복을 도모하는 것입니다. 나의 행복을 도모한다면 배려가 아닙니다. 상대방의 행동을 도모하는 것이 배려입니다.

얼마 전 장애인 올림픽에 대한 글을 읽으면서 눈시울을 적셨던 적이 있습니다. 장애인 올림픽에서 실제 있었던 일화입니다.

장애인 올림픽이라고 하면 비장애인들은 알아주지도 않지만 그들은 굉장히 열심히 노력합니다.

휠체어를 타고 100m 달리기를 할 때입니다. 여덟 명이 결승라인에 섰습니다. '빵!' 하는 총소리와 함께 휠체어 바퀴를 손으로 돌리며 달리기 시작합니다. 그런데 무리하게 달리던 한 선수가 그만 넘어지고 말았습니다. 휠체어의 균형을 잃고 만 것입니다. 그렇게 넘어지고 나면 장애인은 혼자 힘으로 일어나지 못합니다. 두 다리가 없기 때문에 누군가 일으켜 세워줘야 합니다. 일어나 보려고 애쓰지만 도저히 일어나지지 않습니다.

이 때 무슨 일이 일어났는지 아십니까? 함께 달리던 일곱 선수가 그에게로 달려갔습니다. 한 선수가 넘어지는 것을 보고는 나머지 선수들이 모두 방향을 바꾸었습니다. 그리고는 힘을 모아 그 사람을 일으켜 세워주었습니다. 그렇게 그 게임은 취소되었고 다시 뛰어서 승자를 가렸다고 합니다.

그들은 몸이 불편한 자들입니다. 하지만 그들에게는 서로를 향한 배려의 마음이 있었습니다. 그런데 한번 생각해 보십시오. 건강한 사람들의 올림픽이었다면 한 사람이라도 되돌아와서 붙잡아 일으켜 세워줬겠습니까? 지금이 기회라고 여기고 더 열심히 달렸을 것입니다.

전국 교회에 부흥회를 다니시는 유명한 선배 목사님에게 들은 이야기입니다. 이분이 매주 부흥회를 다니다 보니까 아들 운동회 때 한번도 가 본 적이 없다고 합니다. 그것이 늘 아들에게 미안했습니다. 그런데 한번은 아들이 운동회 하는 주간에 잡힌 집회가 그쪽 교회 사정상 취소된 것입니다. 아들이 와서 이런 말을 합니다.

"아빠, 운동회 때마다 부흥회 가시느라고 참석하지 못했는데, 이번에는 집에 계시니까 꼭 와주세요."

그렇지 않아도 미안했던 터라 반드시 가겠다고 약속했습니다. 금일봉을 준비해서 학교에 기증도 했습니다. 지역의 대형 교회 목사님이다 보니 교장선생님이 앉아 계시는 본부석에 앉게 되었습니다. 수백 명의 아이들이 똑같은 옷을 입고 앉아 있는데 목사님은 자기 아들이 어디 있나 찾습니다.

드디어 아들이 달리기를 시작했습니다. 8명이 쭉 서서 달립니다. 이 목사님도 키가 작지만 아들도 큰 키는 아닙니다. 아무리 힘을 다해서 달려도 4등입니다. 목사님은 참지 못하고 막 응원을 합니다. 아버지가 아무리 응원하고 아들이 아무리 뛰어도 4등입니다. 3등이라도 해야 그나마 상품이라도 받을 것인데 도저히 가망이 없어 보입니다.

그 때 기적(?)이 일어났습니다. 앞에 가던 친구가 넘어진 것입니다. 그러면 어떻게 해야 합니까? 부흥회를 다닐 정도로 유명한 목사님이고 하나님의 뜻대로 사시는 분이라면 이렇게 해야 마땅하지 않습니까?

'아이고, 저런 안 되었어라…'

그런데 '할렐루야' 소리가 나오더랍니다. 그리고는 마음속에 '한 놈만 더 넘어져라' 이런 생각까지 들더랍니다.

사실 이것은 이 목사님만의 생각이 아니라 우리들의 생각이기도 합니다. 우리들은 넘어진 사람에 대한 배려보다는 내가 앞서 간다는 기쁨만 가지고 세상을 살아가지는 않습니까? 과연 그것이 성경적인 가르침이요, 성경적인 삶입니까?

1등을 했다면 꼴등한 사람에 대한 배려도 잊지 마십시오. 이것이 본문이 주시는 메시지입니다. 나만 먹으면 되는 게 아니라 굶고 있는 사람도 배려할 수 있어야 합니다. 나만 건강하면 되는 게 아니라 병든 자를 배려할 수 있는 마음이 있어야 합니다.

한 나라의 전통 운동을 보면 그 나라의 습성이 고스란히 드러납니다. 우리나라는 전통 운동이 씨름이고 일본은 스모 아닙니까? 씨름은 단판이 없습니다. 보통 3판 2승입니다.

그래서 한번 지더라도 다시 한번 더 기회를 줍니다. 이것이 우리 민족의 습성입니다. 그런데 일본은 다릅니다. 항상 단판입니다. 한 번 지고 나면 두 번 다시 기회가 없습니다. 이것이 바로 일본의 국민성입니다.

테니스는 영국에서 나온 운동입니다. 그런데 테니스는 계산법이 좀 독특합니다. 보통 1대 0, 2대 0, 3대 0, 게임 아웃, 이렇지 않습니까? 그런데 15 love라고 합니다. 이 때 love가 뭔지 아십니까? 우리나라 말로 하자면 '0' 점이라는 것입니다. 그런데 그 사람들은 절대로 '영점', '빵점' 이라고 하지 않습니다. 대신 'love' 라는 단어를 씁니다.

왜 그런지 아십니까? 'love' 라는 단어를 사전에서 찾아보면 사랑, 애정과 같은 우리가 잘 아는 단어의 뜻도 있지만 저 밑에 일곱 번째쯤 가서 '0' 이라는 의미도 있습니다. 즉 무득점이라는 의미가 있다는 것입니다.

그렇지 않아도 진 사람은 속이 상할 것인데 '15대 빵' 이라고 하면 어떻겠습니까? 그러니까 진 상대편을 속상하지 않게 하려고 '15 love' 라고 하는 겁니다. 우리말로 해석하면 '15대 사랑' 이렇게 됩니다. 이것이 배려하는 마음입니다.

이처럼 배려란 남의 행복을 도모하는 것입니다.

사랑의 중심이 나를 향해 있다면 앞으로도 숱하게 많은 배신을 당하고 살 것입니다. 하지만 사랑의 중심이 남을 향해 있다면 참으로 많은 배려를 베풀며 살아갈 수 있습니다.

왜 자식에게 배신을 당합니까? 자식을 향해서도 사랑의 중심을 나에게 두고 있기 때문입니다. 그러니까 자식에게 배신감을 느끼는 것입니다. 하지만 사랑의 중심을 자식에게 옮기게 되면 자식에게 배신당하는 것이 아니라 자식을 배려할 수 있게 됩니다. 배려는 나의 행복을 도모하는 것이 아니라 상대방의 행복을 도모하는 것임을 잊지 마십시오.

사랑하는 것

두 번째로 배려는 곧 사랑입니다. 사랑은 상대방의 잘잘못을 따지지 않습니다. 그냥 그대로 받아줍니다.

욥기를 보면 욥과 세 친구가 변론하는 장면이 계속 나옵니다. 그렇게 친한 욥의 세 친구가 욥에게 와서 했던 공통적인 말이 무엇입니까?

때에 욥의 친구 세 사람이 그에게 이 모든 재앙이 임하였다 함을 듣고 각각 자기 처소에서부터 이르렀으니 곧 데만 사람 엘리바스와 수아 사람 빌닷과 나아마 사람 소발이라 그들이 욥을 조문하고 위로하려 하여 상약하고 오더니 눈을 들어 멀리 보매 그 욥인줄 알기 어렵게 되었으므로 그들이 일제히 소리 질러 울며 각각 자기의 겉옷을 찢고 하늘을 향하여 티끌을 날려 자기 머리에 뿌리고

칠일 칠야를 그와 함께 땅에 앉았으나 욥의 곤고함이 심함을 보는
고로(욥 2:11)

서로 약속하고 온 친구들입니다. 일주일 동안 욥을 떠나지 않고
함께 울어주던 친구들입니다. 이런 친구가 어디 있습니까? 욥에게
는 너무나도 귀한 친구들입니다. 그런데 이런 귀한 친구들이 이구
동성으로 하는 말이 무엇인지 아십니까?

생각하여 보라 죄 없이 망한 자가 누구인가 정직한 자의 끊어짐이
어디 있는가 내가 보건대 악을 밭 갈고 독을 뿌리는 자는 그대로
거두나니 다 하나님의 입 기운에 멸망하고 그 콧김에 사라지느니
라(욥 4:7-9)

네 자녀들이 주께 득죄하였으므로 주께서 그들을 그 죄에 붙이셨
나니 네가 만일 하나님을 부지런히 구하며 전능하신 이에게 빌고
또 청결하고 정직하면 정녕 너를 돌아보시고 네 의로운 집으로 형
통하게 하실 것이라(욥 8:4-6)

지혜의 오묘로 네게 보이시기를 원하노니 이는 그의 지식이 광대
하심이라 너는 알라 하나님의 벌하심이 네 죄보다 경하니라
(욥 11:6)

정리하자면 이렇습니다.

"네가 괜히 이런 고난을 당하냐? 죄를 지었으니까 고난을 당하지, 하나님이 괜히 그러겠냐? 네가 죄를 지어서 그런 거야."

이 모든 말을 듣고 있던 욥이 뭐라고 대답합니까?

"죄 지어서 그런다고만 말하지 말고 그냥 나 좀 불쌍히 여겨주면 안되겠니? 죄 지어서 자식이 죽었다, 죄 지어서 재산이 없어졌다, 죄 지어서 병들었다고만 말하지 말고 나를 불쌍히 봐주면 안 되겠니?"

왜 이렇게 따지기만 하냐는 것이 욥의 항변입니다.

오늘날 우리들의 신앙생활은 어떻습니까?

배려는 사랑입니다. 그리고 사랑은 잘잘못을 따지는 것이 아니라 그저 불쌍히 여겨주는 것입니다.

서울의 큰 교회 목사님에게 사람들이 와서 이런 저런 이야기들을 하더랍니다. 들어보니 다 맞는 말입니다. 하나도 틀린 말이 없습니다. 그런데 이 때 목사님이 이렇게 말씀하셨다고 합니다.

"맞습니다. 그 말이 다 맞습니다. 그런데 지금 나에게 필요한 것은 옳고 그름에 대한 지적이 아니라 위로입니다. 나는 지금 격려가 필요하고 배려가 필요합니다."

가정으로 돌아가 생각해 보십시오. 남편은 하루 종일 직장에서 시달렸습니다. 상사에게 혼이 나기도 하고 밑에서 치고 올라오는 부하직원 때문에 샌드위치가 되어 견딜 수 없는 고통 가운데 있습니다. 그렇게 살아보겠다고 발버둥을 치다가 집으로 돌아왔습니다. 그런데 아내가 대뜸 남편을 보고 한다는 말이 이렇습니다.

"몇 신데 이제와!"

"또 술 먹었어?"

남편에게 할 말이 그렇게도 없습니까? 물론 술을 마신 것이 잘한 일은 아닙니다. 하지만 그렇더라도 이렇게 말할 수는 없습니까?

"술 드신 거 보니까 속상한 일 있었어요? 얼마나 직장일 힘드셨어요. 내가 맛있는 거 해놨어요. 어서 드세요."

그렇게 남편의 건강을 챙기고 난 뒤에 뭐라고 해도 늦지 않습니다. 뭐라고 하는 것도 순서를 맞춰서 하십시오. 구멍을 만들어놓고 몰아가라는 겁니다.

남편도 마찬가지입니다. 하루 종일 집안일을 하느라 아내들이 얼마나 힘들었겠습니까? 남편에게 말하고 싶은 것이 얼마나 많겠습니까?

"여보, 외로웠지. 하루 종일 집에서 얼마나 힘들었어? 내가 집에 오는 길에 당신 좋아하는 거 사왔어."

이렇게 좋은 말도 얼마든지 있습니다. 그런데 들어와서 대뜸 한다는 소리가 이렇습니다.

"하루 종일 집구석에서 뭐 했다냐?"

이런 남편을 보면서 아내들이 얼마나 어이가 없겠습니까?

간단한 것 같아도 이런 생활태도를 고치는 데 수십 년이 걸립니다. 잘잘못을 지적하는 게 배려가 아닙니다. 옳고 그름을 분별하는 것이 배려가 아닙니다. 아내든 남편이든 바라는 것은 그저 위로입니다. 기억하십시오. 배려는 사랑이고, 사랑은 위로입니다.

현대를 살아가는 사람들은 누구를 막론하고 잘잘못의 명확한 구분이 아니라 위로가 필요합니다. 배려가 필요합니다. 그리고 그 배려는 바로 사랑입니다.

예수님의 마음을 닮아가는 것

세 번째로 배려는 예수님의 마음을 닮아가는 겁니다.

만일 하나님께서 우리 기도를 하나도 빠짐없이 모두 들어주신다면 우리는 어떻게 되겠습니까? 굉장히 좋아질 것 같지만 그렇지 않습니다.

욕심 많은 임금님이 있었습니다. 임금이다 보니 모자라는 것 없습니다. 그럼에도 불구하고 그 임금님은 유난히 금을 좋아했습니다. 이 임금님이 신께 기도합니다.

"신이시여, 내 창고에 있는 금으로는 만족할 수 없으니 내 손으로 만지는 것마다 모두 금이 되게 해주시옵소서."

신이 정말 그 기도를 응답해주었습니다.

"그래, 네 손으로 만지는 것마다 모두 금이 되게 해주마."

"신이시여 감사합니다."

물 잔을 잡으니까 금잔으로 변합니다. 처음에는 얼마나 신이 났는지 모릅니다. 그런데 그 안에 담긴 물까지 모두 금이 되고 말았습니다. 목이 마른데 마실 물이 없습니다.

"배고프다 밥상 들여라."

수저를 드니까 금이 됩니다. 반찬들도 모두 금이 됩니다. 상도 금이 됩니다. 온통 금덩어리가 되어서 먹을 수가 없습니다. 그때 마침 딸이 들어옵니다.

"아바마마!"

"아이고, 내 예쁜 딸 공주야!"

껴안는 순간 딸도 금이 되고 말았습니다. 그렇게 그 임금은 굶어 죽었다고 합니다.

지금이 가장 좋음을 깨달으십시오. 하나님이 우리의 기도를 모두 들어주면 좋을 것 같지만, 결코 그렇지 않습니다. 우리들의 수준이 그만큼 높지 못하기 때문입니다. 우리들의 기도는 이기적인 마음으로 꽉 차 있기 때문입니다. 그러니 오죽 알아서 하나님이 기도를 들어주지 않겠습니까? 응답하지 않는 기도 역시 하나님께서 나를 향해 베푸시는 배려임을 잊지 마십시오.

하나님은 우리에게 세상의 빛이라고 하셨습니다. '너희는 세상의 색깔'이라고 하시지 않고 '너희는 세상의 빛'이라고 하셨습니다. 저는 그 말씀 가운데에서도 진리를 깨달았습니다. 색의 3원색은 빨강, 노랑, 파랑입니다. 이 색을 합하면 검정색이 나옵니다. 그러나 빛의 3원색은 빨강, 초록, 파랑입니다. 그리고 이 색을 합하면 흰색이 됩니다. 때문에 하나님께서 우리에게 세상의 빛이 되라고 말씀하신 것은 아니겠습니까?

그리스도의 빛과 참된 향기는 과연 무엇입니까? 빛은 자신을 태워서 어둠을 밝히는 것이고 소금은 자신을 녹여서 썩어짐을 방지

하고 맛을 내는 것입니다. 그렇다면 이것이 세상을 향한 크리스천의 배려가 되어야 하지 않습니까?

세상보다 더 얻으려고 하고, 세상보다 더 높아지려고 하지는 않습니까? 그것도 하나님의 능력을 힘입어서 말입니다. 물론 크리스천들도 노력해서 잘 살아야 합니다. 크리스천들도 건강해야 합니다. 크리스천들도 높아져야 합니다. 크리스천들이 리더가 되어야 합니다. 크리스천임에도 불구하고 노력하지 않고 가난하고 병들고 낮아지는 것은 바람직하지 않습니다.

있는 데 안 쓰는 것은 전략이지만 없어서 못 쓰는 것은 비참합니다. 권력이 있는데 안 쓰는 것은 겸손이지만 권력이 없어서 못 쓰는 것은 비굴합니다. 옷이 있는데 안 입는 것은 미덕이지만 없어서 못 입는 것은 추태입니다.

예수 믿는 사람은 잘 살아야 합니다. 그런데 잘 살아서 뭐합니까? 크리스천은 잘 사는 삶을 통하여 못 사는 사람을 배려할 수 있어야 합니다. 자신의 건강을 통하여 건강하지 못한 사람을 배려할 수 있어야 합니다. 세상은 크리스천의 배려가 절실히 필요합니다. 이렇게 배려하는 그 모습이 바로 그리스도의 모습입니다.

본문을 통하여 예수님은 '내가 너희를 불쌍히 여김같이' 우리도 다른 사람을 불쌍히 여기라고 하십니다. 이것이 그리스도의 마음입니다. 따지지 말라고 하십니다.

누가복음 15장에서 탕자가 돌아왔을 때 아버지가 탕자에게 따졌습니까? 아닙니다. 그저 불쌍히 여겼습니다. 요한복음 8장에 간음하다 현장에 잡힌 여인을 향해서 주님이 따졌습니까? 그냥 불쌍히 여겼습니다. 자기를 모른다고 세 번씩이나 부인하고 저주한 수제자 베드로에게도 주님은 따지지 않았습니다. 그냥 불쌍히 여겼습니다. 따지지 않고 그냥 불쌍히 여기는 것, 이것이 바로 그리스도의 마음입니다. 이것이 바로 우리를 향한 주님의 배려입니다.

강도 만나 옷 뺏기고 얻어맞아 거반 죽게 된 사람한테 따지면 뭐 하겠습니까? 지금 죽게 된 사람에게 따지는 것이 무슨 소용이 있습니까? 그에게 필요한 것은 옳고 그름에 대한 판단이 아니라 자신을 싸매줄 사람입니다. 우리가 해야 할 일이 바로 그것입니다.

마치 강도 만난 자처럼 망신창이가 된 우리들에게 주님이 생명 던져 다가오신 것처럼, 그렇게 구원을 이루신 것처럼 우리들도 세상 가운데 만신창이 된 사람들에게 몸을 던져 배려할 수 있는 위로자가 되기를 바랍니다.

전도

십자가의 도가 멸망하는 자들에게는 미련한 것이요 구원을 얻는 우리에게는 하나님의 능력이라 기록된 바 내가 지혜 있는 자들의 지혜를 멸하고 총명한 자들의 총명을 폐하리라 하였으니 지혜 있는 자가 어디 있느뇨 선비가 어디 있느뇨 이 세대에 변사가 어디 있느뇨 하나님께서 이 세상의 지혜를 미련케 하신 것이 아니뇨 하나님의 지혜에 있어서는 이 세상이 자기 지혜로 하나님을 알지 못하는 고로 하나님께서 전도의 미련한 것으로 믿는 자들을 구원하시기를 기뻐하셨도다(고전 1:18-21)

하나님은 모든 사람이 구원을 받으며 진리를 아는 데 이르기를 원

하시느니라(딤전 2:4)

하나님은 모든 사람이 구원 받기를 원하십니다. 하지만 실제 상황을 보면 모든 사람이 구원 받는 것은 아닙니다. 혹자들은 사랑의 하나님께서 자기가 사랑하여 지은 인간을 지옥에 보낼 리가 없다

고 말합니다. 그러니까 죽으면 모든 사람은 구원 받을 것이라고 말합니다. 또 어떤 사람은 농담 삼아 이렇게 말합니다.

"목사님, 지옥이 만원이랍니다. 그래서 이제부터 죽는 사람들은 무조건 자동으로 천당에 간답니다."

하지만 이 모든 말들은 장난어린 생각에 불과합니다.

누가복음 16장 19절 이하를 보면 주님께서는 부자와 나사로의 이야기를 하시면서 천국에 가는 나사로와 지옥에 가는 부자로 나뉘어졌다고 분명하게 말씀하셨습니다. 때문에 우리들은 영혼을 죽이지 못하는 자들이 아니라 오직 몸과 영혼을 지옥에 멸하시는 그분을 두려워해야 합니다.

> 몸은 죽여도 영혼은 능히 죽이지 못하는 자들을 두려워하지 말고
> 오직 몸과 영혼을 능히 지옥에 멸하시는 자를 두려워하라
> (마 10:28)

다시 반복하지만 천국과 지옥은 분명히 있고, 천국 가는 사람과 지옥 가는 사람으로 확실히 나뉩니다.

전도는 미련한 것?

이런 의문이 생길 수도 있습니다.

'전능하신 하나님이 모든 사람의 구원을 원하시는데 왜 지옥 가는 사람이 생기는 것일까?'

'하나님이 전능하지 못하다면 이해가 되겠지만, 전능하신 하나님이 모든 사람이 구원받는 것을 원하지 않는다면 이해가 되겠지만 전능하신 하나님께서 모든 사람이 구원받기 원하시는데 왜 구원을 받지 못하는 사람이 있는가?'

하지만 여기에 크고 놀라운 원리와 비밀이 있습니다.

하나님은 전능하셔서 천지를 창조하셨습니다.

하나님은 전능하셔서 처녀로 하여금 잉태케 하는 능력도 행하셨습니다.

하나님은 전능하셔서 아브라함의 자손을 하늘의 별처럼 많이 만드셨습니다.

하나님은 전능하셔서 죽어서 나흘이 되어 썩은 시체가 된 나사로도 살려내셨습니다.

이처럼 전능하신 하나님이시지만 그분의 속성상 못하시는 것이 있습니다. 그것은 바로 예수 믿지 않는 자를 구원하는 일입니다. 예수 그리스도의 피가 없이는 우리의 죄를 용서하실 수 없습니다. 그 이유는 하나님은 심지 않은 곳에서 거두실 수가 없으신 분이며, 하나님은 기도하지 않았는데 응답하실 수가 없으신 분이며, 하나님은 집을 떠난 타락한 탕자는 도울 수 없으신 분이기 때문입니다. 그래서 아무리 전능하신 하나님이시지만 집을 떠난 탕자는 돕지 않으셨습니다. 주님을 떠난 베드로는 축복하지 않으셨습니다.

왜 그렇습니까? 하나님은 빛이시기 때문에 어두움 가운데 거하는 자와 함께 하실 수가 없습니다.

하나님에 비해서 제가 확실하게 잘하는 것이 하나 있습니다. '거 짓말'입니다. 하나님은 거짓말에 대해서만큼은 우리들을 당해낼 수가 없습니다. 하지만 하나님이 거짓말을 못하신다고 해서 전능 하지 못한 것입니까? 아닙니다. 하나님의 속성상 못하시는 것이지 그것이 전능하심과는 아무런 상관이 없습니다.

마찬가지입니다. 하나님은 빛이시므로 어두움 가운데 있는 인간 들과는 함께할 수 없습니다. 어두움 가운데 있는 인간들도 도우실 수 없습니다. 그래서 그들을 구원하시려고 이 땅에 인간의 몸으로 오셨고, 십자가를 지셨으며, 십자가에서 죽으심으로 우리들을 빛 으로 인도하신 것입니다. 하나님은 우리들이 빛으로 나아오기를 간절히 원하십니다.

뜻이 하늘에서 이룬 것같이 땅에서도 이루어지이다 (마 6:10)

주님께서 가르쳐주신 이 기도가 우리의 기도가 되어야 합니다. 하나님의 뜻이 하늘에서는 그냥 이루어집니다. 문제는 땅에서입니 다. 땅에서는 저절로 이루어지지 않습니다. 때문에 하나님의 뜻이 하늘에서 이루어진 것처럼 땅에서도 이루어지게 해달라고 기도하 라고 말씀하십니다.

하나님의 지혜에 있어서는 이 세상이 자기 지혜로 하나님을 알지 못하는 고로 하나님께서 전도의 미련한 것으로 믿는 자들을 구원

하시기를 기뻐하셨도다(고전 1:21)

이 세상이 하나님의 지혜를 알지 못하기 때문에 하나님께서는 전도의 미련한 방법으로 믿는 자들을 구원하시기를 기뻐하십니다. 그렇습니다. 전도는 미련한 것입니다. 그런데 이 미련한 것으로 전도하는 것을 하나님은 가장 기뻐하십니다. 때문에 우리는 기도해야 하고, 우리는 전도해야 합니다.

기도로 시작하는 전도

전도는 어떻게 하는 것입니까? 전도는 기도로 하는 것입니다. 많은 사람들이 전도는 말로 하는 것이라고 생각합니다. 때로는 전도지나 전도 용품을 나누는 것이 전도라고 생각합니다. 또 설교 테이프를 전해주는 것으로 전도가 된다고 생각합니다. 하지만 무엇보다 먼저 전도는 기도로 시작해야 합니다. 예나 지금이나 하나님은 기도를 통하여 구원하시기를 기뻐하십니다.

하나님이 들의 성들을 멸하실 때 곧 롯의 거하는 성을 엎으실 때에 아브라함을 생각하사 롯을 그 엎으시는 중에서 내어 보내셨더라(창 19:29)

하나님께서 소돔과 고모라를 멸하실 때에도 아브라함의 기도로 조카 롯이 살아날 수 있었습니다. 원래 소돔 고모라는 모조리 멸해야 하는 도성이었습니다. 하지만 아브라함이 소돔 고모라에 살고 있는 조카 롯을 염두에 두고 기도합니다.

"하나님, 의인을 악인과 함께 멸하심은 합당치 않습니다. 그러니 의인 50명만 있으면 살려주옵소서."

하나님은 의인 50명만 있으면 도시 전체를 살려주겠노라 약속하십니다. 그런데 아무리 찾아도 의인 50명이 없습니다. 그래서 45명, 40명, 30명… 이렇게 조금씩 줄여나가다가 나중에는 10명까지 내려옵니다. 결국 의인이 10명이 없어서 소돔 고모라는 멸망당했습니다.

이 말씀을 묵상하는 가운데 범죄로 관영한 이 나라 이 땅을 왜 하나님께서 두고 보시는지 그 이유를 조금이나마 깨달았습니다. 이 나라는 죄를 지은 사람도 많지만 주님 뜻대로 몸부림치고 회개하고 기도하는 사람들도 있기 때문입니다. 하나님께서 그들로 인하여 이 나라 이 땅을 두고 보시는 것입니다.

소돔 고모라를 쓸어버리려는 그 순간, 하나님은 아브라함의 기도를 생각합니다. 롯을 살려달라고 하던 아브라함의 기도를 생각하시고 그 심판에서 롯의 가정을 꺼내주십니다.

하나님의 역사하심은 사람의 지혜로 알 수 없습니다. 즉 인간의 지혜로는 하나님을 찾지 못합니다. 그래서 전도의 미련한 방법을 통하여 사람을 구원하시는 것입니다.

사실 상황이 이렇다면 아브라함이 롯을 위해 기도하기 전에 롯이 먼저 자신을 위하여 기도해야 하는 것 아닙니까? 지금 죽게 된 사람은 아브라함이 아니라 롯입니다. 그런데 정작 죽음의 위기에 놓인 롯은 상황의 절박성을 모르기 때문에 기도하지 않습니다. 하지만 죽지도 않는 아브라함이 그 사실을 알고 대신 기도합니다.

그렇습니다. 아는 사람의 기도를 통하여 모르는 사람을 구원하시는 것이 하나님의 역사입니다. 하나님을 알지 못하는 자가 스스로가 알게 되어서 하나님을 만나서 구원 받는 것이 아니라 아는 사람이 미련한 전도의 방법을 통하여 모르는 사람에게 전하여 구원받게 하는 것, 이것이 하나님의 원리입니다.

이 세상에 자신의 정결함으로 구원 받은 자는 단 한 사람도 없습니다. 자기의 능력으로는 도저히 할 수 없는 일이기에 조금도 죄 없으신 예수님이 십자가에 죽으심으로, 그 예수님을 믿음으로 구원받게 하셨습니다. 이것이 기독교의 아주 중요한 원리입니다.

주 예수를 믿으라 그리하면 너와 네 집이 구원을 얻으리라

(행 16:31)

내가 구원 받고 가만히 있으면 가족 구원이 저절로 된다는 말씀이 아니라 먼저 구원 받은 자가 믿지 않는 식구들을 위하여 기도할 때 가족 구원이 이루어진다는 말씀입니다.

강권하는 전도
저는 아무도 믿지 않는 불교 가정에서 태어났습니다. 위에 두 분

의 누나가 계시고 제가 세 번째로 태어났습니다. 유난히 아들을 기다리던 집안인지라 굉장히 귀하게 자랐습니다. 우리 집안은 불교를 믿어도 평범하게 믿는 것이 아니라 굉장히 독실하게 믿는 가정이었습니다.

절기 때마다, 즉 정월 보름, 사월 초파일, 칠월칠석만 되면 들리던 소리가 아직도 생생합니다. 사월 초파일은 그나마 괜찮습니다. 칠월칠석은 더 괜찮습니다. 문제는 정월 보름입니다. 그 추운 겨울날 '쏴! 쏴!' 찬물 끼얹는 소리가 들립니다. 할머니께서 목욕재계하시는 소리입니다. 그 추운 겨울에 찬물로 몸을 씻고는 머리를 단정하게 묶고 미리 준비해 놓은 삶은 돼지머리와 음식들로 방앗간 모터 밑에 상을 차립니다.

할머니는 선발대, 어머니는 후발대 저는 뒤에 섭니다. 그렇게 모터 밑에 상을 차려놓고 천지신명과 부처님에게 만수무강하게 해달라고, 올해도 사업 형통하게 해달라고 빌었습니다. 그 모습이 아직도 눈에 선합니다.

고사를 지낸 돼지머리는 일주일 내내 먹었습니다. 고기를 발라 먹고 나면 나중에 골을 먹습니다. 사실 그 골이라는 것이 맛은 영별로입니다. 그것을 먹게 하시려고 할머니는 이런 저런 말씀으로 나를 유혹합니다.

"경동아 골 먹으면 골 좋아진다더라."

완전 거짓말이었지만 그 때는 맛도 없는 골을 열심히 먹었습니다. 지금 생각해 보면 부유한 가정이었습니다. 그 때는 잘 몰랐는데 다른 친구들을 보면서 알았습니다. 저는 집에서 돈을 탈 때에도 미리 이야기하면 혼만 났습니다.

"아버지, 저 열흘 있다가 수업료 내야 해요."

"열흘이나 있어야 될 걸 뭘 헛갈리게 벌써부터 얘기하냐? 그 날 아침에 얘기해!"

어차피 집에는 늘 돈이 있었으니까 그 날 아침에 말씀드리고 타다 썼습니다. 살림살이가 넉넉해서 그랬는지는 모르겠으나 제가 태어났을 때 동네 한 아주머니가 이런 아들은 그냥 두면 안 된다고, 삼신할머니가 해코지하니까 절간에 팔아야 한다고 우리 어머니를 꼬드겼습니다.

그래서 제게는 허락도 받지 않고 제 이름으로 절에 종을 해놓았습니다. 그 종을 칠 때마다 저를 위한 염불을 해달라고 스님에게 부탁한 것입니다. 그 종소리가 숲 속에 얼마나 청아하게 울려 퍼지는지 모릅니다. 스님이 우리 집에 오면 꼭 이렇게 얘기해 주셨습니다.

"보살님, 보살님, 아드님의 목소리는 전국 방방곡곡에 메아리쳐 울려 퍼질 목소리입니다. 나무관세음보살."

그런 가정환경에서 자란 저를 위해서 끊임없이 기도하고 교회로 이끌어준 친구의 전도를 통해 고등학교 1학년 때 은혜를 받았습니다. 우리 옆집에 집사님 내외분이 사셨는데 그 집 아들 김치균이 나와 나이도 같고 고등학교 때까지 같은 학교를 다닌 아주 어릴 때부터 참 친한 친구였습니다.

"경동아, 교회가자."

하도 가자고 하면 성탄절 때 쯤 따라가다가 1월이 되면 추우니까 알아서 교회도 방학했다가 다시 성탄절이 되면 따라갔습니다. 그렇게 받은 새신자 선물만 해도 얼마나 많은지 모릅니다. 그래서 그런지 교회에 다니다 안 다니다 하는 것이 좋은 건 아니지만 그런 사람들을 보면 옛날 제 생각이 나서 별로 뭐라고 하지 않습니다.

고등학교 1학년 때 하나님의 은혜를 경험하고 나니까 얼마나 감사한지 모릅니다.

사실 저는 어려서부터 철학적 의문이 참 많았습니다.

'내가 왜 사는 거지?'

'나는 어디에서 왔고 어디로 가는 존재일까?'

그런데 예수님을 만나고 고등학교 1학년 때 이 모든 삶의 문제가 한꺼번에 풀렸습니다. 어디에서 왔는지를 알게 되었고, 어떻게 살아야 되는가를 알게 되었으며 어디로 가는지도 알게 되었습니다. 그리고는 이제부터 주를 위해서 살아야겠다고 결단하게 되었습니다.

'주님을 위해서 살 수 있는 길이 뭐가 있을까?'

고민 끝에 목사가 되기로 헌신했습니다. 고등학교 1학년 때 소명을 받고 나니 밥 3끼를 도저히 다 먹을 수가 없었습니다. 그래서 두 끼만 먹고 한 끼는 금식했습니다. 그렇게 일주일 밥값을 모아서 주님 앞에 감사헌금으로 드렸습니다. 감사헌금 봉투에 금식미를 드린다는 글자를 도저히 볼펜으로 쓸 수가 없어서 손가락을 베어서 그 피를 펜촉에 받아서 썼습니다.

'금식미를 주님께 드립니다.'

목사님은 헌금 봉투를 읽을 때마다 볼펜도 아니고 만년필도 아니고, 무엇으로 이런 글씨를 썼는가 생각했을지도 모릅니다.

하나님께 서원한 대로 신학교에 진학했습니다. 그런데 친구들을 사귀다 보니까 목사님 자녀가 제일 많고, 그 다음으로 장로님 자녀들과 권사님 자녀들이 많고 최고로 끗발이 없는 친구도 집사님의 자녀입니다. 물론 제가 잘 몰랐을 수도 있지만 여하튼 제 눈에는 안 믿는 집안에서 온 사람은 저와 공주 마곡사에서 심부름하다가 은혜 받고 목사가 되겠다고 온 학생 이렇게 둘 밖에 없었습니다.

다른 친구들은 부모님이 뒤에서 기도해주는데 나를 위해서는 누구 하나 기도해주는 사람이 없습니다. 그나마 치균이가 나를 위해서 기도하고 전도해줘서 구원은 받았지만 목사가 되겠다고 신학교에 입학한 나를 위해서 기도해주는 가족이 단 한 명도 없었습니다. 오히려 내가 가족들을 위해서 기도해야 하는 상황입니다.

목사님의 아들이나 장로님의 아들, 집사님의 아들은 기숙사에서 잠을 자지만 나는 밤마다 산에 올라가서 바위 위에 걸터앉아 시내를 바라보면서 기도했습니다.

"하나님, 상식적으로 생각해보십시다. 내가 목사가 될 사람입니다. 목사가 되기 위해서 신학교에 왔습니다. 목사는 영혼을 구원하는 사람입니다. 믿지 않는 영혼, 지옥에 갈 영혼들을 구원해서 천당 보내야 되는 것이 목사가 할 일입니다. 그런데 내 부모 형제도 구원하지 못하고 어떻게 남들을 구원합니까? 말이 됩니까? 남들이 뭐라 그러겠습니까? '우리 전도하려고 하지 말고 당신 부모 형제나 전도해!' 그럴 거 아닙니까? 믿지 않는 부모님을 예수님 좀 믿게 해주십시오."

남들은 별 것 아닌 일인지 모르지만 내게는 참으로 큰 숙제였습니다. 5년 동안 밤마다 기도했습니다.

하루는 여름방학이 되어 고향에 내려오니까 마침 모교회에서 부흥회가 열렸습니다. 얼마나 감사한지 모릅니다. 우리 어머니가 그 집회에 참석만 하시면 꼭 구원 받을 수 있을 것 같았습니다. 그래서 어머니를 설득하기 시작했습니다.

"나를 낳으시고 길러주시며 일편단심 자식이 잘 되기만 소망하시며 앉으나 서나 자식을 생각하시며 오늘도 자식이 잘 되기를…"

그랬더니, 무슨 얘기하려고 그러냐고 물으십니다.

"어머니, 다른 게 아니고 오늘부터 우리 교회에서 부흥회를 한다는데 한 번만 같이 가요."

두 번 가자고 하면 가지 않겠다고 할 것 같아서 한 번만 가자고 그랬습니다. 하도 조르니까 마지못해 간다고 하십니다.

저는 이것이 가장 좋은 전도방법이라고 생각합니다. 물론 사영리도 좋고, 브리지도 좋고, 전도 폭발도 좋습니다. 다 좋지만 정말로 잘 통하는 방법은 '꾸준히 가자고 하는 것' 입니다. 하도 가자고 하니까 갑니다.

90kg가 넘는 뚱뚱한 어머니를 모시고 교회로 갔습니다. 그리고는 앞자리에 자리까지 정해드렸습니다. 앞자리가 은혜 받는 자리이기 때문입니다.

지금 부흥회는 세련됐고, 재미도 있고, 쌈박하니 좋습니다. 그런데 옛날 부흥회는 달랐습니다. 30분에서 1시간 정도 준비 찬송하고 나면 그 때 부흥강사 목사님이 등장합니다. 게다가 옛날 부흥강사 목사님들은 하나같이 목소리가 개구리 울음소리 같았습니다.

물론 이해도 됩니다. 음향시설도 좋지 않고 토요일 새벽까지 집회를 해야 하고 게다가 길고 긴 설교를 하다 보면 성대가 온전할 수 없었을 것입니다. 설교가 얼마나 긴지 한참 듣다가 잠이 들고 다시 깨어 듣고 또 졸고 그랬습니다.

설교 끝날 때면 하나같이 두 손 들고 찬송을 했습니다. 보통 제일 많이 부르는 찬송이 '천부여 의지 없어서' 입니다. 성도들에게 회개하라고 그렇게 했던 것 같습니다. 그나마 그 찬송도 제 박자로 부르지 않습니다. 아주 천천히 서너 번 부르다 보면 20분은 그냥 지나갑니다.

그런데 그 날, 우리 어머니가 부흥회에 참석하신 날 이 시간이 문제가 된 것입니다. 옆 사람들이 다 손을 들고 있으니 어머니도 따라서 손을 들었습니다. 그런데 찬송은 끝날 기미가 보이지 않고 팔은 아픕니다. 그렇다고 혼자만 내릴 용기도 없습니다. 그나마 은혜만 된다면 괜찮았을 것인데 아무런 은혜도, 감동도 없이 손만 들고 있자니 팔뚝이 끊어지는 것 같습니다. 그도 그럴 것이 어머니 체중이 90kg가 넘었으니 팔뚝 하나만 하더라도 10kg, 두 손을 들고 있자면 20kg 역기 들고 있는 것과 다르지 않습니다.

팔뚝이 끊어질 듯 아픕니다. 어머니를 보니까 두 손을 모두 든 것이 아니라 한 손은 들고 다른 한 손으로는 들고 있는 손을 받치고 있습니다. 얼굴 표정은 완전히 특수 시험 들린 사람입니다. 어머니의 표정을 보는 순간 실망이 이만저만이 아닙니다.

집회 끝나고 조심스럽게 여쭈어봤습니다.

"어머니, 은혜 좀 받았어요?"

그랬더니 다짜고짜 화부터 내십니다.

"야 니 세대 다르고 내 세대 다르다. 너야 예수 믿고 천당을 가든지 만당을 가든지 마음대로 해라. 난 그놈의 천당, 팔뚝 아파서 못 가겠다."

얼마나 속이 상한지 성전에 주저앉아서 하염없이 울며 기도했습니다.

"하나님, 5년 동안 기도했습니다. 지금까지 제가 잘못된 기도를 한 것입니까? 하나님께서 원하시는 것이 구원이라고 하시면서 왜 5년을 기도해도 응답하지 않습니까? 우리 어머니처럼 마음 착하고 인심 좋은 분이 또 어디 있다고 우리 어머니만 구원받지 못한 것입니까? 하나님, 저는 이제 어찌하면 좋습니까? 하나님, 어찌하면…"

눈물만 나옵니다. 그렇게 서울로 올라왔습니다. 그런데 하루는 하숙집으로 전화가 왔습니다.

어머니입니다.

"아들, 나 예수 믿기로 했다!"

기도한 지 5년 만에 어머니께서 구원을 받았습니다. 누군가 나를 위해서 기도해줘서 내가 구원 받은 것처럼 내가 드린 기도로 어머니가 구원 받았습니다. 하나님은 이렇게 누군가의 기도를 통해서 구원하기를 원하십니다.

포기하지 않는 전도

제게 잊지 못할 귀한 간증이 있습니다. 우리 교회가 개척한지 얼마 안 되었을 때 한 권사님께서 여자 성도를 전도했습니다. 교회에 왔는데 얼마나 휘황찬란한지 모릅니다. 머리를 감아 올렸는데 얼마나 위로 치솟게 들어 올렸는지 사다리 타고 올라가야 될 정도입니다. 눈을 깜빡이며 떴다 감으면 완전히 부챗살이 올라갔다 내려갔다 합니다.

이 자매가 한 달에 한 번, 한 달에 두 번 그렇게 교회를 띄엄띄엄 나오는 겁니다. 그래서 물어봤습니다.

"자매님, 어찌 교회를 한 달에 한 번 나왔다가 두 번 나왔다가 하십니까?"

그랬더니 자매의 말이 이렇습니다.

"목사님, 제가 미장원을 하거든요. 그런데 미장원이 한 달에 두 번 쉬어요. 그러니까 노는 이틀 가운데 놀러 가면 한 번 교회에 나오는 거고 안 놀러 가면 두 번 나오는 거예요."

"자매님, 그렇게 믿지 말고 열심히, 제대로 믿어보세요."

"어떻게 해야 하는데요?"

"한 달 동안 새벽예배를 참석해 보세요."

"네."

한 달에 한두 번 나오던 자매가 한 달 동안 새벽 예배를 나오면서 은혜를 받았습니다. 예수는 은혜 받고 믿어야 쉽고, 재밌고 좋습니다. 예수 믿지만 여전히 힘들다면 은혜를 받지 못했기 때문입니다. 무조건 은혜를 받아야 됩니다.

처음에는 한 달만 나오기로 약속했는데 은혜를 받으니까 날마다 새벽예배를 참석합니다.

그러던 어느 날 시골에 계시던 그 자매의 시아버지가 편찮으시게 되어서 대전으로 모시고 오는 일이 있었습니다. 충남대학병원에 입원하여 검사를 했더니 폐암 말기라고 합니다. 알아보니까 그 집안은 시아버님의 아버님도 폐암으로 돌아가셨고, 아버님의 형님도 폐암, 그 아버님 동생도 폐암으로 돌아가셨다고 합니다. 이제 형제 중 그 어른 하나만 남았는데 그분마저 폐암에 걸린 겁니다. 이미 수술도 늦어버린 상태인지라 항암제 주사만 계속 맞다가 이 자매의 집으로 퇴원했습니다. 그리고 제게 전화가 왔습니다.

"목사님, 심방 좀 와 주세요."

가보니 항암제 주사 탓인지 머리카락이 하나도 없습니다. 그런 할아버지에게 복음을 전했습니다.

"선생님, 사람은 병들어서 죽는 것이 아니라 죄 때문에 죽는 것입니다. 죽고 나면 끝나는 게 아니라 심판이 있고 심판 후에 영원한 지옥의 형벌이 있습니다. 이 땅에서 죄를 지으면 우리의 육신이 감옥에 가는 것처럼 영적으로 죄를 지으면 지옥에 갑니다. 그렇게 지옥에 가야 마땅한 인간들을 하나님이 사랑하셔서 죄 없으신 예수님을 이 땅 위에 보내주셨습니다. 그 예수님께서 우리 죄를 다 짊어지시고 십자가에 죽으셨다가 3일 만에 부활하셨습니다. 이제 예수님을 믿는 자는 구원을 얻고 영생의 길을 걷게 됩니다. 예수님만 믿으면 육신은 죽을지라도 우리의 영혼은 구원 받아 천국에 갈 것입니다. 또 살아 역사하시는 하나님께서 할아버지의 병도 고쳐 줄 수 있습니다. 믿으십시오. 하나님은 믿는 자에게 역사하십니다. 지금도 살아 역사하시는 하나님을 믿어보십시오."

토요일이었는데 이 할아버지께서 내일 주일에 교회에 나오겠다고 하십니다. 그렇게 철썩같이 약속을 했습니다. 다음 날, 이 할아버지를 기다리는데 오시지 않습니다. 그래서 며느리에게 물어봤습니다.

"왜 시아버지께서 교회에 안 나오셨어요?"

그 자매의 말에 의하면 교회에 나오기로 약속하신 할아버지께서 내가 돌아온 지 두 시간쯤 지났을 때 갑자기 일어나더니 옷을 주섬주섬 챙겨 입더랍니다.

"며늘아기야, 나 집에 가야 되겠다."

"아버님, 내일 저와 함께 교회에 가셔야지요."

"여기 있다가는 너희 교회 젊은 목사한테 붙잡힌다. 그 양반은 예수 안 믿으면 놔둘 사람이 아니더라. 그런데 죽을 마당에 지금 내가 예수를 믿는다면 나야 좋겠지만 죽어서 조상들을 무슨 염치로 보겠냐? 조상 뵐 면목이 없어서 안 된다. 가야겠다."

그렇게 옷을 입고 시골로 내려가셨다는 것입니다.

이제는 어떻게 할 수도 없기에 포기하고 말았습니다. 대전 시민도 모두 전도하지 못했는데 어떻게 시골까지 가서 전도를 합니까? 그렇게 포기했는데 며느리는 포기하지 않았던 겁니다. 자꾸만 전화가 옵니다.

"목사님, 저랑 심방 좀 같이 가주세요."

하도 간곡히 부탁하기에 시골이라는 곳이 어디인지도 모른 채 무작정 따라 나섰습니다. 버스를 세 번 갈아타고 가는데 꼬박 세 시간 걸렸습니다. 가보니까 할아버지께서 이불로 몸을 감싸고는 벽에 기대어 힘겹게 쌕쌕거리며 숨을 쉬고 있습니다. 그 때 자유롭게 숨을 쉴 수 있는 것이 얼마나 감사한 일인지 깨달았습니다.

다시 한 번 더 복음을 전했습니다.

"이제라도 늦지 않았습니다. 예수 믿고 구원받으시고, 하나님의 능력으로 치료 받고 여생 건강하게 사시다가 가십시오."

그런데 제대로 눈도 맞추지 않습니다. 그래도 기도해주고 돌아왔습니다. 그런데 나중에 소식이 전해 옵니다.

"미친 연놈들, 밥 처먹고 할 일 없으면 낮잠이나 잘 일이지 뭔 지랄했다고 믿기 싫은 예수 믿으라고 여기까지 와서 사람 괴롭히냐?"

그 말을 듣는 순간 다부진 결심을 했습니다.

'안 간다. 지옥을 가든지, 천당을 가든지 마음대로 알아서 하라고 하고 나는 안 간다.'

나는 포기를 했습니다. 나는 그렇게 포기했는데 며느리는 여전히 포기하지 못합니다. 그리고는 혼자 그 먼 시골을 또 내려갑니다. 그리고는 끊어질 듯한 숨을 겨우 몰아쉬는 시아버지를 붙잡고 웁니다. 그런데 그냥 훌쩍거리는 것이 아니라 초상났을 때 시체를 안치해 놓고 처음에 들어갔을 때 우는 것처럼 그렇게 통곡을 합니다. 초상나서 우는 눈물을 며칠 당겨서 울어버린 겁니다.

"아이고, 아이고, 어쩔거나…."

기쁨은 기쁨을 만들어내고 슬픔은 슬픔을 만들어낸다고 하지 않습니까? 며느리가 다리 붙잡고 통곡하니까 할아버지 마음도 울적해지더랍니다.

"너 왜 우냐?"

"아버님이 이대로 떠나가시면 지옥 가는데, 유황 불속에서 펄펄 끓는 지옥 가는데 어쩔거나."

이런 며느리를 보면서 할아버지 마음이 바뀝니다.

"그래, 내가 죽으면 큰 며느리인 네가 제사상도 차릴 텐데 내가 죽는 마당에 네 말 안 듣고 뭐 좋은 일 있겠냐? 며늘아기야, 나 예수 믿을 테니까 울지 마라."

귀가 번쩍 뜨인 며느리는 다시 제게 전화를 합니다.

"목사님 한번만 더 같이 가주세요."

또 갔습니다. 그랬더니 이제는 인사를 다 합니다.

"아이고 목사님 오셨소?"

복음을 전한 후 구원의 확신을 심어주었습니다. 이제 침례를 줘야 하는데 문제입니다. 그렇지 않아도 숨도 제대로 쉬지 못하는데 침례를 행하게 되면 아무리 빨리 물속에 넣다 꺼낸다고 하더라도 그 자리에서 죽을 것만 같습니다. 그 때 문득 지혜가 떠오릅니다.

'이럴 때 필요하니까 세례가 있는 거구나.'

그래서 대야에 물을 떠다가 성부와 성자와 성령의 이름으로 세례를 준 후 기도하는 방법을 가르쳐주고 '예수 내 구주'를 확실하게 심어 놓았습니다. 가지고 간 성경책을 전해주고 돌아왔습니다.

며칠 후 이 어른이 갑자기 헛소리를 하더랍니다.

"가라 이놈아! 나는 예수 믿는다. 너하고 아무 상관없다. 나는 예수 박사다, 이놈아!"

남편의 헛소리를 듣고 부인이 놀랍니다.

"여보, 왜 그래?"

"목사님이 두고 가신 책 좀 줘봐!"

성경책을 가슴에 안습니다.

"주여, 이 죄인을 용서하소서. 예수 내 구주!"

그렇게 운명하셨습니다.

제가 본 사람 중에 가장 짧게 예수님을 믿고 천당 간 사람이 바로 그 분입니다.

며느리의 기도가 시아버지를 구원하고, 내가 드린 기도가 어머니를 구원하고, 아브라함의 기도가 롯을 구원하였습니다. 우리들 역시 누군가의 기도로 구원 받았습니다. 이제는 우리들이 누군가를 위해서 기도해야 될 때입니다. 기도해야 할 우리가 기도를 쉰다면 그 영혼들은 어떻게 구원받습니까?

부모, 형제, 친구, 친척들 가운데 구원받아야 할 사람은 없습니까? 내가 기도했더라면 구원 받을 영혼인데 기도하지 않아서 놓친 영혼은 없습니까?

하나님은 우리의 기도를 통해서 그들을 구원하시기를 기뻐하십니다.

예수 믿지 않고 죽으면 지옥 간다는 사실을 그들은 모르지만 우리는 너무도 분명하게 잘 압니다.

아는 자들이 어찌 가만히 있을 수 있습니까?

아는 자들이 어찌 그들을 위하여 기도하지 않을 수 있습니까?

아는 자들이 어찌 그들에게 전도하지 않을 수 있습니까?

하나님은 사람이 자기 지혜로 하나님을 알지 못하기 때문에 전도의 미련한 방법으로 사람을 구원하시기를 기뻐하셨다고 말씀하셨습니다. 이미 잃어버린 영혼이라면 어쩔 수 없지만 앞으로 구원해야 될 영혼에 대해서는 책임감을 갖으십시오.

내 기도가 쉬면 그 영혼의 구원이 멈춥니다. 하나님은 내 기도를 통하여 그들을 구원하시기 원하십니다. 아직도 믿지 않는 부모 형제가 있다면, 아직도 믿지 않는 이웃과 친척들이 있다면 반드시 그들을 위해서 기도해야 합니다. 여러분의 기도가 없이 그들은 구원받을 수 없습니다. 이것이 하나님의 원리입니다. 이것이 하나님의 방법입니다.

믿지 않는 바로 그 사람을 위하여 지금 기도를 시작하십시다.

행 함

예수께서 열두 제자에게 명하시기를 마치시고 이에 저희 여러 동네에서 가르치시며 전
도하시려고 거기를 떠나가시니라 요한이 옥에서 그리스도의 하신 일을 듣고 제자들을
보내어 예수께 여짜오되 오실 그이가 당신이오니이까 우리가 다른 이를 기다리오리이까
예수께서 대답하여 가라사대 너희가 가서 듣고 보는 것을 요한에게 고하되 소경이 보며
앉은뱅이가 걸으며 문둥이가 깨끗함을 받으며 귀머거리가 들으며 죽은 자가 살아나며
가난한 자에게 복음이 전파된다 하라 누구든지 나를 인하여 실족하지 아니하는 자는 복
이 있도다 하시니라(마 11:1-6)

예수님의 내면 닮기

신앙생활이 무엇입니까? 많은 사람들은 예수 믿고 교회에 다니
면 신앙생활을 하는 것이라고 생각합니다. 하지만 그것은 겉만 본
것입니다. 신앙생활의 내면은 예수님을 배우는 것, 예수님을 닮아
가는 것입니다. 즉 신앙생활이란 예수님을 배우고 예수님을 닮아

가는 생활입니다.

그렇다면 어떤 사람이 신앙생활을 가장 잘하는 것입니까? 예수님과 많이 닮은 사람입니다. 예수님처럼 행동하는 사람입니다. 그런데 본문을 보면 예수님은 입술로 말씀하시는 분이 아니라 행동으로 말씀하시는 분임을 알 수 있습니다.

예수 믿지 않는 사람들이 믿는 자들을 향하여 가지고 있는 좋지 못한 감정이 있습니다. 비꼬고 빈정대면서 이렇게 말합니다.

"말 못하는 사람도 교회만 다니면 말 잘하게 되더라."

"너 교회나 가라. 교회 가면 말 잘하게 돼."

그렇습니다. 이처럼 그들에게 예수쟁이는 곧 말 잘하는 사람이라는 등식이 성립되어 있습니다. 사실 말을 잘한다는 것은 굉장히 좋은 것입니다. 오죽하면 속담에도 '말 한마디에 천 냥 빚을 갚는다'고 했겠습니까? 말을 잘해야 하는 것은 지극히 자명한 일입니다.

말을 잘하려면 무엇보다 똑똑해야 합니다. 말을 잘하려면 많은 것을 알고 있어야 합니다. 무식한 사람이 어떻게 말을 잘할 수 있겠습니까? 많이 알고 박식하니까 말을 잘할 수 있는 것입니다.

게다가 말을 잘하려면 경우도 분명해야 됩니다. 경우가 흐린 사람들은 말을 잘하지 못합니다. 어깻죽지가 가려울 때는 어깻죽지를 긁어야 하는데 배를 긁는 사람에게 말을 잘한다고 하지는 않습니다. 사리판단이 정확한 사람이 말을 잘합니다.

어찌 되었든 말을 잘하는 것은 분명 아주 좋은 것입니다. 그런데 문제는 똑똑하게 말한 것처럼 그대로 산다면 더없이 좋고 훌륭할 것인데, 말한 대로 살지 못한다는 데 있습니다. 여기에서 문제가 시작됩니다.

> 이에 예수께서 무리와 제자들에게 말씀하여 가라사대 서기관들
> 과 바리새인들이 모세의 자리에 앉았으니 그러므로 무엇이든지
> 저희의 말하는 바는 행하고 지키되 저희의 하는 행위는 본받지 말
> 라 저희는 말만 하고 행치 아니하며 (마 23:1-3)

바리새인들은 말만 하고 행치 않습니다. 즉 바리새인처럼 말은 잘하면서 행함이 없는 자들이 세상 가운데에서 비난을 듣게 됩니다. 말은 참 잘하는데 말한 대로 행치 못한다면 이렇게 깨달으십시오. '내가 바로 바리새인이구나.'

가르치시며 전도하신 주님
이러한 배경을 가지고 본문을 보겠습니다.

> 예수께서 열두 제자에게 명하시기를 마치시고 이에 저희 여러 동
> 네에서 가르치시며 전도하시려고 거기를 떠나가시니라 (1절)

성경을 꼼꼼하게 보십시다. '가르치게 하시고 전도하게 하시려고' 라고 말씀하신 것이 아니라 '가르치시며 전도하시려고' 라고 말씀하셨습니다. 여기에 주목하십시오. 주님은 전도를 시키는 분이

아니라 전도를 행하셨던 분입니다.

간혹 이렇게 말하는 목사님들이 있습니다.

"양이 양 새끼를 낳지, 목자가 어떻게 양 새끼를 낳습니까?"

언뜻 들으면 일리가 있는 것 같지만 사실은 비성서적인 말입니다. 물론 어느 정도는 맞습니다. 목사님이 설교 준비는 하지 않고 날마다 전도만 다닌다면 그것도 안 될 일입니다.

그런 차원에서는 아주 조금 일리가 있습니다. 하지만 전혀 성경적이지는 않습니다. 언뜻 들으면 맞는 말 같지만 한 번만 더 생각하면 조금도 맞지 않는 말입니다.

주님도 양을 낳으셨는데 왜 목사가 양을 낳지 못합니까? 더 나아가서 목사가 양을 낳지 못했는데 어떻게 양이 양을 낳겠습니까? 그렇다면 자기가 주님보다 더 큰 목자란 말입니까? 목자장 되시는 예수님이 전도했다면 목자인 목회자들도 전도하는 것이 마땅하지 않습니까?

전도는 가르치는 것이 아니라 행하는 것입니다.

"전도할 시간이 없습니다."

있는 자리에서 전도하십시오. 혹 가게를 운영하느라 전도할 시간이 없다고 생각된다면 그 가치관부터 바꾸십시오.

'구태여 전도하려고 찾아다니지 않아도 이렇게 내게 찾아와주는 사람들이 있구나.'

이런 생각을 가지고 일단 좋은 물건을 친절하게 파는 겁니다. 그리고 그 다음에 이렇게 물어보십시오.

"혹시 예수님 믿으십니까?"

찾아오는 사람에게 전도할 수 있으니 얼마나 좋습니까? 전도란 시간과 장소를 구분해서 하는 것이 아니라 삶의 형편 그 자리에서 복음을 전하는 것입니다.

어떤 사람들은 나름의 합리적인 말로 반론을 제기합니다.

"전도가 말로 하는 겁니까? 행함으로 하는 거지!"

참으로 훌륭한(?) 말입니다. 하지만 그런 이론을 가지고 있다면 평생 전도할 수 없습니다. 아니 어떻게 온전한 행함에 이를 수 있겠습니까? 물론 행함이 없으니까 전도가 안 된다는 말도 틀린 것은 아니지만 반드시 그런 것만도 아닙니다.

성경에서 아주 훌륭하게 전도했던 여인이 있습니다. 그가 누구인지 아십니까? 바로 우물가의 여인입니다. 그녀는 과거에 다섯 남편이 있었습니다. 그 여인의 상황이 그러했지만 전도만 잘했습니다.

물론 행함으로도 전도해야 합니다. 하지만 행함과 상관없이 먼저 복음을 전하는 것이 중요합니다. 만나는 사람들에게 복음을 전하십시오. 직장에서 평생 받을 연봉보다, 평생 벌어서 산 내 집보다 직장 동료 한 사람을 구원하는 것이 더 귀중합니다.

이르시되 우리가 다른 가까운 마을들로 가자 거기서도 전도하리니 내가 이를 위하여 왔노라 하시고 이에 온 갈릴리에 다니시며 저희 여러 회당에서 전도하시고 또 귀신들을 내어쫓으시더라

(막 1:38, 39)

예수님도 이 땅에 전도하러 오셨습니다.

행함으로 말씀하신 주님

본문은 많은 사람들이 이미 잘 알고 있는 내용입니다. 왜 요한이
감옥에 갔습니까?

> 전에 헤롯이 그 동생 빌립의 아내 헤로디아의 일로 요한을 잡아
> 결박하여 옥에 가두었으니 이는 요한이 헤롯에게 말하되 당신이
> 그 여자를 취한 것이 옳지 않다 하였음이니라(마 14:3, 4)

헤롯 동생의 부인이 미인이었나 봅니다. 그러니까 헤롯이 동생
의 아내를 데려다가 산 것입니다. 그것을 요한이 알게 되었습니다.
불 같은 성품의 요한이 가만히 있었겠습니까? 왕 앞에 가서 입바
른 소리를 합니다.

"그건 합당치 않습니다!"

그로 인하여 감옥에 갇히게 되었습니다. 결국 요한은 처지가 비
슷한 사람도 아닌 왕에게 함부로 말해서 감옥에 갇히고 말았습니
다. 지금은 많이 좋아졌다고 하지만 여전히 감옥살이는 힘들고 고
생이 됩니다. 그러니 그 때에야 오죽했겠습니까? 너무나도 고생하
는 가운데 요한이 시험에 들었습니다. 요한이 어떤 사람입니까?

성경은 요한에 대하여 이렇게 말합니다.

> 여자가 낳은 자 중에 가장 큰 자가 요한이라(마 11:11)

> 구약에 오리라 한 엘리야가 곧 이 사람이라(마 11:14)

요한 역시 이렇게 고백했었습니다.

> 나는 그의 신들메 풀기도 감당치 못하겠노라(요 1:27)

> 보라 세상 죄를 지고 가는 하나님의 어린 양이로다(요 1:29)

> 그는 흥하여야 하겠고 나는 쇠하여야 하리라(요 3:30)

이처럼 굳건한 확신 위에 있던 요한이었지만 감옥에서 흔들리고 있습니다. 이러한 요한을 보면서 깨달은 게 있습니다.

'인간은 약하다.'

'사람은 변할 수 있다.'

베드로도 주님을 부인했습니다. 아브라함도 자기 부인을 누이 동생이라고 거짓말했습니다. 모세도 어려운 일에 처하자 죽겠다면서 차라리 죽여 달라고 했습니다. 이처럼 인간은 얼마든지 변할 수 있는 연약한 존재입니다.

감옥에서 요한이 묻습니다.

"오실 그이가 당신이오니이까? 우리가 다른 이를 기다리오리이까?"

지금 요한의 마음에는 '섭섭함' 이 찾아왔습니다. 다른 사람이 자신에게 흡족하지 않은 태도를 보일 때 섭섭하다고 하지 않습니까? 이 '섭섭함' 이 감옥에 있는 요한에게 찾아온 것입니다. 이럴 때에는 예수님의 말씀 한마디면 간단히 해결됩니다.

"내가 그다."

하지만 예수님은 입술로 자신을 말하지 않고 삶으로 말씀하십니다. 이처럼 말로 말하지 않고 삶으로 말하는 것이 바로 기독교입니다. 말로 자신을 말하는 것은 쉽습니다.

"나 괜찮은 놈이야. 좋은 사람이야. 한 번 사귀어봐! 나 한 번 믿어봐!"

말은 간단합니다. 말은 쉬운데 그 말대로 살기란 참으로 어렵습니다. 괜찮은 사람이라고 말하기는 쉽지만 괜찮게 살기는 너무나 힘듭니다. 이렇듯 어려운 길이기에 믿음의 길이 좁은 길이고 생명의 길인 것입니다.

> 영혼 없는 몸이 죽은 것같이 행함이 없는 믿음은 죽은 것이니라
> (약 2:26)

그렇다면 주님은 어떻게 행동으로 말씀하셨습니까?

첫째, '가서 소경이 본다고 이야기하라' 고 합니다.

소경이 보게 되었습니다. 병원으로 치자면 안과입니다. 이 말씀에 대해서 육신의 소경이 보게 되었다는 것과 영적인 눈이 보게 되었다는 것 두 가지로 견해가 나뉩니다. 그런데 본문은 영적인 소경이 보게 된 것을 뜻하는 것이 아니라 육신이 소경인 그가 진짜 눈을 뜨고 세상의 사물을 보게 된 것입니다.

눈이 아픈 사람들은 치료를 받기 위해서 병원에 갑니다. 하지만 앞이 보이지 않는 자들은 병원에 가지 않습니다. 왜 그렇습니까? 앞이 보이지 않는 것은 고칠 수 있는 부분이 아니기 때문입니다. 그런 소경을 주님께서는 보게 하셨습니다. 이러한 능력은 예수님의 신성을 의미합니다. 예수님께서 창조의 근본적 능력을 가지고 계심을 보여주는 것입니다. 흔하지는 않지만 오늘날도 하나님은 당신이 살아 역사하심을 증거로 보여주기 위해서 주의 종들을 통하여 그분의 능력을 나타내 보이십니다.

두 번째로 앉은뱅이가 걷게 됩니다. 병원으로 치자면 정형외과입니다. 사실 이 모든 역사들은 이미 구약성경 이사야 35장 5절과 이사야 61장 1절과 2절에 이미 예언되어졌던 내용들입니다. 즉 예수님의 치유의 역사는 단순한 병 고침이 아니라 구약의 예언을 실현하신 것이고 구약의 메시아에 대한 예언의 성취입니다. 즉 예수님의 신성의 증명이요, 창조의 능력을 증명해 주는 것입니다.

그러므로 병이 나았다는 것이 중요한 게 아니라 우리를 구원할 메시아가 오셨다는 것, 그분이 구원 사역을 완성해 가신다는 사실

이 중요한 것입니다. 병이 나았는가, 낫지 않았는가 하는 것이 중요한 게 아니라 이러한 사실들을 통하여 예언이 이루어져가며 우리 안에 구속이 완성되어져가는 것을 발견해야 제대로 보는 것입니다. 병 낫는 것이 중요한 게 아니고 그 속에서 역사하시는 구원 사역을 바라보는 것이 중요합니다.

'우리를 구원할 메시아가 역사하고 계시는구나.'

> 하나님이 죄인을 듣지 아니하시고 경건하여 그의 뜻대로 행하는 자는 들으시는 줄을 우리가 아나이다 창세 이후로 소경으로 난 자의 눈을 뜨게 하였다 함을 듣지 못하였으니 이 사람이 하나님께로부터 오지 아니하였으면 아무 일도 할 수 없으리이다(요 9:31)

무슨 말입니까? 소경이 눈을 떴다는 사실이 중요한 것이 아니라 하나님이 함께 하시지 않으면 이런 일이 도무지 있을 수 없다는 것입니다. 즉 하나님이 함께 하시는 사람이라는 것, 하나님의 신성의 능력을 가진 사람이라는 것이 더욱 중요합니다.

이러한 능력들은 그분이 우리를 구원하러 오실 분이라는 것에 대한 증거에 불과하고 정작 중요한 것은 그분이 우리를 구원하러 오실 분이라는 사실입니다.

> 만일 내가 내 아버지의 일을 행치 아니하거든 나를 믿지 말려니와 내가 행하거든 나를 믿지 아니할지라도 그 일은 믿으라 그러면 너

희가 아버지께서 내 안에 계시고 내가 아버지 안에 있음을 깨달아
알리라(요 10:37)

'나를 믿지 못하겠거든 내가 하는 일이라도 믿으라' 고 하십니다. 그러므로 하나님이 예수님과 함께 하심을 우리가 알게 될 것이라는 겁니다.

내가 아버지 안에 있고 아버지께서 내 안에 계심을 믿으라 그렇지
못하겠거든 행하는 그 일을 인하여 나를 믿으라(요 14:11)

'나를 못 믿겠으면 내가 행하는 일을 인하여 나를 믿으라' 고 하십니다. 누가 소경의 눈을 뜨게 하며, 누가 귀머거리를 듣게 하며, 누가 앉은뱅이를 일으킬 수가 있겠느냐? 그러니까 행하는 일을 봐서라도 예수님을 믿으라고 하십니다.

세 번째, 문둥이가 깨끗함을 받았습니다. 병원으로 치자면 피부과입니다. 당시 나병환자들의 고통은 한두 가지로 설명이 되지 않습니다. 무엇보다 먼저 질병 자체가 가지고 있는 고통이 있습니다. 두 번째로 몸이 자꾸만 무너져내리는 고통이 있습니다. 나병은 아픈 것에서 그치는 것이 아니라 눈썹이 빠지고 눈이 문드러지고 손가락이 뚝뚝 떨어져나갑니다. 점점 더 일그러져가는 본인의 모습을 보는 것은 육신의 아픔보다 더 큰 고통입니다.

이것만으로도 충분히 힘들고 어려운데 문둥병 환자들은 가족들

과 격리되어 살아야만 합니다. 그러니 이보다 더 큰 고통이 어디 있습니까? 병이 옮을까봐 누구 하나 만져주지 않습니다. 그래서 나병 환자들은 옷을 사주는 것보다, 밥을 대접해주는 것보다 그저 따뜻한 손 한번 잡아주는 것을 더 좋아한다고 합니다.

우리 주님은 이러한 그들의 내면의 고통까지도 모두 아셨습니다.

예수께서 손을 내밀어 저에게 대시며 (마 8:3)

성경을 보십시오. 예수님은 모든 병을 말씀으로 고치셨습니다. 귀신도 말씀으로 쫓아내셨습니다.

'네 믿음대로 되라!'

그런데 유독 이 나병환자를 고치실 때에는 손을 내밀어 저에게 대셨습니다.

"Jesus reached out his hand(그의 손을 뻗었습니다) and touched the man(그리고 그 남자에게 대시며) he said(그는 말씀 하셨습니다) Be clean(깨끗할지어다)"

그냥 말로 고쳐주실지라도 누구 하나 뭐라고 할 사람이 없습니다. 하지만 예수님은 그 사람을 만져주셨습니다. 이처럼 주님은 한 사람 한 사람 그들의 형편에 맞춰서 찾아오십니다.

즉 주님은 기성복이 아니라 맞춤복으로 우리에게 다가오신다는 것입니다. 이러한 주님의 사랑에 탄복할 뿐입니다. 어떤 문제로 힘 든 인생을 살아가고 있든지 주님은 당신에게 나오라고 부르십니다.

수고하고 무거운 짐 진 자들아 다 내게로 오라 내가 너희를 쉬게 하리라(마 11:28)

주님은 한 사람 한 사람에게 맞춰서 찾아오십니다.

네 번째로 귀머거리가 듣게 됩니다. 병원으로 치자면 이비인후과입니다. 이 세상은 모두 양면성을 가지고 있습니다. 표면이 있는가 하면 이면이 있고, 현상이 있는가 하면 본질이 있으며, 육신이 있는가 하면 영혼이 있습니다. 때문에 뭐든지 양면으로 볼 수 있어야 하고 양면으로 생각할 수 있어야 합니다.

육신의 귀머거리가 소리를 듣게 되었다고 말씀하십니다. 그런데 영적으로 볼 때에는 복음을 들어도 깨닫지 못하고 듣지 못하는 영적인 귀머거리들이 얼마나 많습니까? 제가 볼 때 육신적인 귀머거리보다 영적인 귀머거리가 훨씬 더 불쌍합니다.

육신의 눈은 보이지 않지만 훌륭하게 목회하신 안요한 목사님이 계십니다. 안요한 목사님은 중도실명자이십니다. 어느 날부터 점점 앞이 보이지 않습니다. 아무리 기도를 해도 낫지 않습니다. 얼마나 괴로운지 자살까지도 생각해 봤습니다. 그런데 죽는 것도 마음대로 되지 않습니다. 그 때 주님의 음성을 듣게 됩니다.

"내가 너와 함께 하겠다."

이 음성을 들은 후 회개하고 목사님이 되었습니다. 앞은 보이지 않지만 밝게 전도합니다. 밝게 설교합니다. 그분이 종종 하셨던 말씀이 있습니다.

"나는 눈이 닫혔어도 하늘을 보고 살아가는데, 하늘의 기쁨으로 살아가는데, 왜 당신들은 눈 뜨고 하늘을 보지 못합니까? 왜 하늘의 기쁨과 감격을 가지고 살아가지 못합니까?"

얼마나 돈을 벌었는가, 잘 사는가 못사는가를 떠나서 육신이 건강한 것은 참으로 감사한 일입니다. 그런데 왜 불평과 불만 가운데 살아가십니까? 그렇게 복음을 전해도 듣지 못한다면 들을 귀가 없는 영적인 귀머거리는 아닙니까?

다섯 번째로 죽은 자가 살아납니다. 이것은 병원으로 치자면 장례예식장의 영안실입니다. 주님은 사망 권세 깨고 부활하실 부활의 능력을 보여주셨습니다. 이 세상 그 누구도 사망 권세를 깨지는 못했습니다. 이 부분에서 다른 종교들은 모두 명함을 거둬들여야 합니다. 타 종교도 때때로 능력을 나타낼 수 있습니다. 이적도 있습니다. 하지만 부활의 능력만은 불가능합니다. 죽음의 사망 권세를 깬 능력, 죽음에서의 새 생명의 능력은 도저히 불가능합니다. 오직 생명을 창조하신 하나님의 능력으로만 가능한 것입니다.

단순히 죽었던 자가 살아난 것으로만 봐서는 안 됩니다. 예수 안에 잠든 자들을 모두 부활시킬 하나님의 능력의 움직임을 볼 수 있어야 합니다.

> 나는 부활이요 생명이니 나를 믿는 자는 죽어도 살겠고 무릇 살아
> 서 나를 믿는 자는 영원히 죽지 아니하리니 이것을 네가 믿느냐
> (요 11:25, 26)

이 말씀의 시범으로 죽은 자를 살리신 것입니다.

여섯 번째 가난한 자에게 복음이 전파되었습니다. 사실 가난한 것은 병원에 갈 일이 아닙니다. 그런데 왜 가난한 자가 나왔습니까? 아픈데 돈이 없어서 병원조차 가지 못하는 자들에게 들려오는 복음의 기쁜 소리입니다.

속만 차리면 아쉬운 대로 살아갈 수 있습니다. 제대로 살지 못하는 사람들의 대다수는 속을 차리지 못해서 그렇습니다. 예수님을 제대로 믿고 믿음으로 살면 그냥 사는 정도가 아니라 정말 축복 받고 삽니다. 바쁘다고 핑계대지 마십시오.

신원그룹의 박 회장님을 만난 적이 있습니다. 그분의 신앙이 얼마나 대단한지 머리가 숙여질 정도였습니다. 제가 열 번 집회하면 열 번 모두 같은 자리에 앉아서 은혜를 받으십니다. 꼭 그 자리에 앉으십니다. 제 집회만 그런 줄 알았더니 모든 집회에 그렇게 하신다고 합니다. 그분은 은혜 받은 후 지금까지 단 한번의 집회도 빠진 적이 없다고 합니다.

아무리 해외여행을 가더라도 주일만큼은 맞춰서 온다고 합니다. 또 목사님께 부흥회 스케줄을 미리 알려달라고 해서 집회 기간중에는 해외로 나가는 일을 계획하지 않는다고 합니다.

그렇게 한다고 해서 그분이 가난합니까? 다들 어렵다고 하는데 하나님은 그분에게 얼마나 큰 복을 주셨는지 모릅니다. 믿음으로 사니까 오히려 더 잘 삽니다. 명심하십시오. 믿음 속에 복이 있습니다. 이것은 성경이 증명합니다.

네가 네 하나님 여호와의 말씀을 삼가 듣고 내가 오늘날 네게 명하는 그 모든 명령을 지켜 행하면 네 하나님 여호와께서 너를 세계 모든 민족 위에 뛰어나게 하실 것이라(신 28:1)

이 말씀의 약속은 역사가 그대로 증명합니다. 전 세계 수백 나라 가운데 선진국으로 30개를 꼽습니다. 그런데 그 가운데 28개의 나라가 예수님을 믿는 나라입니다.

우리나라만 하더라도 복음이 들어온 후 학교도 생겼고 병원도 생겼습니다. 그러니 얼마나 감사합니까? 이제부터는 우리들이 삶으로 증명해야 할 차례입니다.

이런 생각을 해봤습니다.

'하나님이 왜 세상에 교회를 세우셨을까?'

'하나님이 왜 교회에 목사를 세우셨을까?'

어떤 이는 종교를 아편이라 하고 어떤 이는 종교가 필요 없다면서 자신만 믿고 살면 된다고 합니다. 하지만 교회는 죄를 지은 인간을 구원하기 위하여 하나님께서 이 세상에 만들어놓은 기관이며, 목사는 그 죄인들을 하나님의 뜻대로 인도하고 축복해주기 위하여 축복권자로 세우신 자들입니다.

너를 축복하는 자에게는 내가 복을 내리고 너를 저주하는 자에게는 내가 저주하리니 땅의 모든 족속이 너를 인하여 복을 얻을 것이니라(창 12:3)

신명기 21장 5절을 보면 하나님은 목사에게 다음과 같은 세 가지 권한을 주셨습니다.

　첫째로 하나님을 섬기고 예배하는 예배권한입니다.

　"레위 자손 제사장들도 그리로 올지니 그들은 네 하나님 여호와께서 택하사 자기를 섬기게 하시며"

　둘째로 여호와의 이름으로 축복하게 하신 축복권한입니다.

　"여호와의 이름으로 축복하게 하신 자라"

　세 번째로 치리권한입니다.

　"모든 소송과 모든 투쟁이 그들의 말대로 판결될 것이니라"

　예배권(강단의 권한), 축복권, 치리권을 주셨습니다. 이처럼 목사님들은 복을 빌어주는 사람입니다.

　예수님은 말하지 않고 행함으로 말씀하셨습니다. 이처럼 믿는 우리들의 삶도 말로 하지 말고 행함으로 말하기를 바랍니다. '행언' 즉 행함으로 말합시다. '행언' 하십시오. 말로 말하는 자가 아니라 행함으로 말하는 자가 되기를 결단하길 바랍니다.

변질

너희는 유혹의 욕심을 따라 썩어져 가는 구습을 좇는 옛사람을 벗어 버리고 오직 심령으로 새롭게 되어 하나님을 따라 의와 진리의 거룩함으로 지으심을 받은 새사람을 입으라 그런즉 거짓을 버리고 각각 그 이웃으로 더불어 참된 것을 말하라 이는 우리가 서로 지체가 됨이니라 분을 내어도 죄를 짓지 말며 해가 지도록 분을 품지 말고 마귀로 틈을 타지 못하게 하라 도적질하는 자는 다시 도적질하지 말고 돌이켜 빈궁한 자에게 구제할 것이 있기 위하여 제 손으로 수고하여 선한 일을 하라 무릇 더러운 말은 너희 입 밖에도 내지 말고 오직 덕을 세우는 데 소용되는 대로 선한 말을 하여 듣는 자들에게 은혜를 끼치게 하라 하나님의 성령을 근심하게 하지 말라 그 안에서 너희가 구속의 날까지 인치심을 받았느니라 너희는 모든 악독과 노함과 분냄과 떠드는 것과 훼방하는 것을 모든 악의와 함께 버리고 서로 인자하게 하며 불쌍히 여기며 서로 용서하기를 하나님이 그리스도 안에서 너희를 용서하심과 같이 하라(엡 4:22-32)

'변화' 란 변할 변(變)자와 될 화(化)가 만나 이루어진 단어로서 사전적으로 사물의 성질, 모양, 상태 따위가 바뀌어 달라지는 것을 뜻합니다. 이에 반해 '변질' 이란 변할 변(變)과 바탕 질(質)이 만나 이루어진 단어로서 사전적으로 성질이 달라지거나 물질의 질이 변하는 것을 뜻합니다. 사전적 의미를 떠날지라도 통념상 변화는 좋은 쪽으로 바뀌는 것이고 변질은 안 좋은 쪽으로 바뀐 것을 의미함을 알 수 있습니다.

이 세상에는 세 가지 의지(자기 의지, 하나님의 의지, 마귀의 의지)가 있습니다. 즉 내 의지, 내 생각, 내 마음 대로 사는 사람이 있는가 하면 하나님의 의지, 하나님의 생각, 하나님의 뜻 대로 사는 사람이 있고, 마지막으로 마귀의 의지, 마귀의 생각, 마귀의 뜻 대로 사는 사람이 있습니다.

인생의 해답은 대부분 노래 속에 담겨 있습니다. 사람의 감정을 가장 잘 함축하여 표현한 것이 시이고, 그 시에 곡조를 붙인 것이 노래 아닙니까? 시인은 너절하게 쓰지 않습니다. 줄이고 또 줄이고 최대한 줄입니다. 거기에 곡조를 붙이면 노래가 됩니다.

노래가사를 잘 분석해 보면 자기 의지를 노래한 것이 있습니다.

뛰고 뛰고 뛰는 몸이라 괴로웁지만
힘겨운 나의 인생 구름 걷히고
산뜻하게 맑은 날 돌아온단다
쨍하고 해뜰 날 돌아온단다

(해뜰 날, 송대관 작사)

이런 노래는 강한 자기 의지를 노래로 표현했습니다.
자기 의지가 아닌 의지를 표현한 노래에는 두 가지가 있습니다.
우선 내 마음은 아니지만 좋은 노래입니다. 이런 노래는 내 마음을
노래한 것은 아니지만 그래도 괜찮습니다.

그대 고운 목소리에 내 마음 흔들리고
나도 모르게 어느새 사랑하게 되었네
깊은 밤에도 잠 못 들고 그대 모습만 떠올라
사랑은 이렇게 말없이 와서
내 온 마음을 사로잡네
(사랑하는 이에게, 박은옥 작사)

반면 내 마음을 노래한 것도 아니고 좋지 않은 노래가 있습니다.

내가 왜 이러는지 몰라 도대체 왜 이러는지 몰라
꼬집어 말할 순 없어도 서러운 마음 나도 몰라
잊어야 하는 줄은 알아 이제는 남인 줄도 알아
알면서 왜 이런지 몰라 두눈에 눈물 고였잖아
이러는 내가 정말 싫어 이러는 내가 정말 미워
이제는 정말 잊어야지 오늘도 사랑 갈무리

(갈무리, 나훈아 작사)

안 좋은 쪽으로 나도 모르게 가는 내 마음을 부른 노래입니다.

> 오직 심령으로 새롭게 되어 하나님을 따라 의와 진리의 거룩함으
> 로 지으심을 받은 새사람을 입으라(엡 4:23, 24)

좋은 쪽으로 변화되었습니다.

이에 반해서 나쁜 쪽으로 변질된 내가 있습니다. 본래 그렇게 나쁜 사람은 아니었는데 나쁘게 변질되었습니다.

> 너희는 유혹의 욕심을 따라 썩어져 가는 구습을 좇는 옛사람을 벗
> 어라(엡 4:22절)

마음과 생각과 삶뿐 아니라 우리의 육체도 자세히 들여다보면 변화된 모습도 있고 변질된 모습도 있습니다. 본래 타고난 내 몸이 있습니다. 아버님과 어머님께 물려받은 내 몸이 있다는 것입니다. 그런데 그 신체가 좋은 쪽으로 변화된 곳이 있습니다. 혈색도 태어났을 때보다는 더 좋아졌고, 몸의 모든 기능들도 태어났을 때에는 약했지만 관리를 잘해서 강해졌습니다. 근육이 생겼습니다. 갓 태어난 아기에게는 근육이 없습니다. '응애!' 하고 우는 아기의 배에 '王' 자가 써진 것을 보았습니까? 아무리 연약한 아기로 태어났을

지라도 성장하는 가운데 운동도 하고 자기 관리도 잘하면 몸이 더 좋게 변화합니다. 아령도 들고 달리기도 하고 배구도 하고 축구도 하고… 이렇게 운동할 때 몸에 근육이 붙기 시작합니다. 이것이 점점 변화되어져 가는 몸입니다.

그런 반면 우리 몸은 나쁜 쪽으로 변질되기도 합니다. 몸에 생긴 각종 혹들이 그렇습니다. 몸을 자세히 살펴보십시오. 몸 밖의 피부이든 몸 안에 있는 것이든 변질된 신체들이 있습니다.

담배와 술에 찌든 간이 그 예입니다. 담배의 니코틴에 찌든 혈관을 본 적이 있습니까? 담배로 망가진 폐를 본 적이 있습니까? 시궁창은 비할 것도 아닙니다. 그런 것을 본다면 도저히 담배를 피우지 못할 것입니다. 그렇게 우리 몸은 변질되어 갑니다. 종양이 무엇입니까? 한마디로 변질되어 자란 내 몸에 있는 또 다른 내 몸의 일부가 종양입니다.

본문에는 변화된 사람에게 해당되는 말씀과 변질된 사람에게 해당되는 말씀이 동시에 담겨 있습니다.

변화된 사람의 속성과 변질된 사람의 속성

참과 거짓

첫째 변화된 사람의 속성과 변질된 사람의 속성을 살펴보겠습니다.

오직 심령으로 새롭게 되어 하나님을 따라 의와 진리의 거룩함으로 지으
심을 받은 새사람을 입으라 그런즉 거짓을 버리고 각각 그 이웃으로 더
불어 참된 것을 말하라 이는 우리가 서로 지체가 됨이니라(23~25절)

거짓은 변질된 사람의 속성이고 참된 것은 변화된 사람의 속성
입니다. 입만 열면 거짓말하는 사람이 있습니다. 어쩌다 한번 하는
거짓말은 이해가 된다지만 습관적으로 하는 거짓말은 변질입니다.
이에 반하여 진실을 말하고 참된 것을 말하는 사람은 변화된 사람
입니다. 여러분은 변질되었습니까 아니면 변화되었습니까?
25절에는 아주 중요한 말씀이 기록되어 있습니다.

이는 우리가 서로 지체가 됨이니라

기독교의 훌륭한 점이 한두 가지가 아니지만 그 중 가장 중요한
것을 꼽으라면 세상 사람은 너와 나를 구분해서 생각하지만 말씀
은 너와 나를 하나로 본다는 점입니다. 내가 상대방을 때리면 세상
은 내가 그놈을 때렸다고 생각하지만, 성경은 내가 또 다른 나를
때렸다고 생각합니다. 그러니까 때리지 말라고 하십니다.
세상은 도둑질을 하면 내가 그놈 것을 훔쳤다고 생각하지만 성
경은 내가 또 다른 내 것을 훔쳤다고 생각합니다. 그러니까 도둑질
하지 말라고 합니다. 즉 예수 안에서 우리는 하나라는 것 이것이야
말로 성경이 주는 아주 중요한 정신입니다.

예수 안에서 우리는 하나이며 서로 지체가 됩니다. 때문에 세상의 눈으로는 내가 다른 누군가를 미워하는 것이지만 성경의 시선에서 보면 내가 또 다른 나를 미워하는 것이 됩니다. 자기가 자기를 미워한다니 이상하지 않습니까? 그러니까 미워하지 말라고 하십니다.

분내는 것과 분내어서 죄를 짓는 것

분을 내어도 죄를 짓지 말며 해가 지도록 분을 품지 말고 마귀로 틈을 타지 못하게 하라(26-27절)

즉 분내는 것과 분내어서 죄를 짓는 것은 엄연히 다릅니다. 살다 보면 분이 날 때가 있습니다. 화가 날 때도 있습니다. 밥 먹다가 화가 치밀 수 있습니다. 그냥 그것으로 끝나야지 상이 엎어지고 멱살을 잡고 폭력이 오고 가면 그 때부터는 죄가 됩니다. 큰소리로 화를 낼 수는 있습니다. 거기까지는 할 수 있지만 그 다음은 하지 마십시오. 즉 분을 내어도 죄는 짓지 말라는 것입니다.

또 분을 내더라도 해가 질 때까지 품지 마십시오. 어느 부부나 살다보면 싸웁니다. 싸웠더라도 저녁에는 화해하고 함께 잠자리에 드십시오. 화났다고 해서, 싸웠다고 해서 각방을 쓰면 안 됩니다. 왜 그렇습니까? 그 사이에 마귀가 틈을 타기 때문입니다. 사이가 벌어지니까 그 사이로 바람이 들어가고 바람이 들어가니까 마귀가 틈을 타고 마귀가 틈을 타니까 바람나는 겁니다. 바람이 못 들어오게 하려면 부부 사이에 틈이 있어서는 안 되고 붙으면 바람이 못 들어오니까 바람이 종식되는 겁니다. 어찌 되었든 저녁이 되면 분을 푸십시오.

구제와 도적질

도적질하는 자는 다시 도적질하지 말고 돌이켜 빈궁한 자에게 구제할 것이 있기 위하여 제 손으로 수고하여 선한 일을 하라(28절)

구제하기 위하여 제 손으로 선한 일을 하는 사람은 변화된 사람이고 도적질하는 사람은 변질된 사람입니다. 사람이라면 마땅히 노력하고 일해서 먹고 살아야 정상입니다.

그런데 어떻게 도적질해서 먹고 삽니까? 벌어서 먹고 사는 것은 물론이고 구제까지 한다면 변화된 사람입니다. 즉 내가 벌어서 나 혼자 먹고 사는 것은 정상적인 사람이고, 남의 것을 훔치면 변질된 사람이며, 내가 번 돈으로 남을 도와주며 살면 변화된 사람입니다.

덕을 세우는 선한 말과 더러운 말

무릇 더러운 말은 너희 입 밖에도 내지 말고 오직 덕을 세우는 데 소용되는 대로 선한 말을 하여 듣는 자들에게 은혜를 끼치게 하라 (29절)

오직 덕을 세우는 데 소용되는 대로 선한 말을 하여 듣는 자들에게 은혜를 끼치는 사람은 변화된 사람이고 더러운 말을 하는 사람은 변질된 사람입니다. 변화된 사람의 말은 듣고 있으면 은혜가 됩니다. 그런데 변질된 사람의 말을 들으면 시험 듭니다. 왜 그렇습니까? 말부터 이미 변질되었기 때문입니다.

어떤 사람을 만나면 시험 들었다가도 풀어지는데, 어떤 사람을 만나면 멀쩡하다가도 시험에 들지 않습니까? 왜 그렇습니까? 변화된 사람을 만났는가, 변질된 사람을 만났는가의 차이입니다. 그래서 누구를 만나는가 하는 것이 그토록 중요합니다.

그렇다면 여러분은 변화된 사람입니까, 변질된 사람입니까? 사람들이 여러분만 만나면 힘을 얻고 은혜를 받습니까, 아니면 시험에 들고 늘어집니까?

변화된 사람인가 변질된 사람인가 하는 것은 그 사람의 말을 들어보면 알 수 있습니다. 더러운 말을 계속한다면 변질된 사람입니다. 하지만 은혜의 말을 계속한다면 변화된 사람입니다.

세 가지 눈물

하나님의 성령을 근심하게 하지 말라 그 안에서 너희가 구속의 날
까지 인치심을 받았느니라(30절)

마음속에 성령을 모시고 사는 사람이 있는가 하면 생활 속에 악한 영을 끌어안고 사는 사람이 있습니다. 눈물이라고 해서 다 똑같은 것이 아닙니다. 내 눈물이 있는가 하면 하나님의 탄식의 눈물이

있습니다. 때로는 마귀의 눈물도 있습니다. 이렇게 눈물도 세 종류입니다.

시골에서 목회하시는 어떤 목사님이 그렇게 눈물이 나더랍니다. 앉아도 눈물이 나고, 기도해도 눈물이 나고, 말씀을 봐도 눈물이 납니다. 산에 올라가서 농사짓는 교인을 바라봐도 눈물이 납니다. 하도 눈물이 나서 산에 올라가 기도했습니다.

"하나님, 왜 이렇게 눈물이 납니까?"

그때 성령님께서 목사님의 마음에 세미한 음성이 들렸습니다.

"사랑하는 내 종아, 네가 지금 우는 게 아니고 네 안에서 내가 우는 거다."

이것이 바로 성령님이 우리 안에서 탄식하시는 것입니다.

안 믿는 사람들은 모르기 때문에 교회에 가면 왜 그렇게 우느냐고 묻습니다. 하지만 눈물도 그냥 나오는 게 아닙니다. 특히 은혜 받고 흘리는 눈물은 울고 싶어서 우는 게 아니라 나도 모르게 눈물이 나는 것입니다. 너무나도 감사해서 눈물이 나고 불쌍해서 눈물이 납니다. 은혜 받은 자의 성령의 눈물입니다.

그렇다고 해서 모두 성령의 눈물은 아닙니다. 흐느끼는 눈물도 있습니다. 연속극을 보다가 갑자기 나도 모르게 흐르는 눈물은 안 좋은 겁니다. 눈물에도 수준이 있습니다. 어찌되었든 성령님을 탄식시키지 마십시오.

인자함과 악독

취해야 될 변화된 성품과 버려야 될 변질된 성품이 있습니다. 변질된 성품은 이렇습니다.

> 너희는 모든 악독과 노함과 분냄과 떠드는 것과 훼방하는 것을 모
> 든 악의와 함께 버리고(31절)

악하고 독한 것들이 악독입니다. 원한을 가지고 모질고 신경질적이고 차갑고 혐오스러워하고 화내고 거칠고 잔인하고 불쾌하고 냉소적인 것들, 즉 악독을 버리라고 말씀하십니다. 또 노함, 분냄, 떠드는 것, 훼방하는 것들을 모든 악의와 함께 버리라고 말씀하십니다. 이런 것들이 여러분의 삶 가운데 나타난다면 그것은 변질된 성품입니다. 버리십시오.

그러면 변화된 성품은 무엇입니까?

> 서로 인자하게 하며 불쌍히 여기며 서로 용서하기를 하나님이 그
> 리스도 안에서 너희를 용서하심과 같이 하라(32절)

다른 사람도 불쌍히 여기고 살아야 하겠지만 무엇보다 먼저 배우자를 불쌍히 여기면서 사십시오. 먼 이북 동포도 불쌍히 여겨야 하겠지만 옆에 사는 배우자부터 불쌍히 여기면서 살라는 겁니다.

내가 조금 더 능력이 있었다면 행복하게 살 여자가 무능한 나를

만나서 고생하면서 살고 있으니 얼마나 딱합니까? 불쌍히 여기고 사십시오. 아내들은 남편들을 불쌍히 여기십시오. 처자식을 먹여 살려보겠다고 애쓰는 신랑이 얼마나 딱합니까? 불쌍히 여기십시오. 서로 불쌍히 여기고 사십시오.

그렇게 살아도 짧은 인생인데 왜 이렇게 원수 대하듯이 하면서 살아갑니까? 딱하게 여기는 데 돈이 드는 것도 아닙니다. 그저 서로를 향하여 불쌍히 여기는 마음으로 살아가십시오.

서로 인자하십시오. 하나님이 우리를 용서해주신 것처럼 용서하면서 사십시오. 우리는 하나님으로부터 일만 달란트를 용서받았습니다. 그렇게 하나님은 우리를 용서하신 후 우리에게 백 데나리온 빚진 자를 용서하라고 말씀하십니다. 그런데 왜 살아생전 용서할 수 없다고, 눈에 뭐가 들어가기 전에는 어림없다고 엄포를 놓습니까? 넓은 마음으로 용서하면서 사십시다.

변화된 사람들과 변질된 사람들

변화된 사람들

변화된 사람으로는 요한복음 4장에 나오는 우물가의 여인을 들 수 있습니다. 이 여인은 전에 남편이 다섯이나 있었습니다. 그런데 예수님을 만나서 변화되었습니다. 그리고는 새로운 인생으로 살아가지 않습니까? 이것이 바로 변화입니다.

요한복음 8장에 나오는 간음하다 현장에 잡힌 여자 역시 변화된 여인입니다. 간음하다 현장에서 잡혀서 맞아 죽을 수밖에 없는 여인이었지만 주님을 만난 후 변화되어 성스럽게 살아갑니다.

비유이긴 하지만 누가복음 15장에 나오는 집 나간 아들 역시 변화된 사람의 좋은 예가 됩니다. 그가 집을 나갔을 때는 허랑 방탕했지만 돌아온 이후 그의 모습은 얼마나 변화되었고 아름다웠습니까? 요한복음 19장에 나오는 일곱 귀신 들렸던 막달라 마리아도 변화된 사람입니다.

한 여인 속에 일곱 귀신이 들어있었으니 어찌 정상적인 생활을 했겠습니까? 병들고 상처 받고 찢어지는 아픔 가운데 살다가 주님을 만나고 해결된 후 이 땅에서 얼마나 아름답게 사는지 모릅니다. 예수님께서 돌아가시고 무덤에 있을 때 그 여인이 향유를 준비해서 예수님의 무덤을 찾아왔다는 사실을 아십니까? 이런 것이 바로 변화입니다.

누가복음 19장에 나오는 삭개오도 변화된 사람입니다. 돈과 명예와 욕심만 좇던 그가 예수님을 만난 후 변화되었습니다. 그리고는 가난한 사람을 돌볼 줄 알고 자기의 재산을 나누어 주는 삶을 살게 됩니다. 이러한 모습들이 변화된 자들의 인생입니다.

변화된 사람의 공통점

변화된 사람에게는 아주 중요한 공통점이 있습니다. 한 사람도 예외 없이 예수님을 만났다는 것입니다. 그렇습니다. 예수님을 만나면 변화됩니다. 주님을 만남으로 변화되는 삶이 되십시오.

변화된 사람들의 두 번째 공통점은 주님을 만난 후 회개했다는 것입니다. 이처럼 변화의 첫 번째 단계가 바로 '회개' 입니다. 이전의 잘못된 삶을 깊이 뉘우치고 반성하고 회개하고 새로운 방향으로 바꾸어 살아갈 때 변화된 삶을 살 수 있습니다.

변질된 사람들

성경에 변질된 사람은 많지 않습니다. 그래도 변질된 인생이 어떠한지 확실하게 알아두기 위해서 몇 사람만 살펴보고자 합니다.

> 마귀가 벌써 시몬의 아들 가룟 유다의 마음에 예수를 팔려는 생각을 넣었더니(요 13:2)

가룟 유다는 변질된 사람입니다. 마귀의 생각이 그를 사로잡으면서 변질되어가기 시작했습니다. 우리의 삶 속에 마귀의 생각이 사로잡을 때 우리의 삶도 변질되어 갑니다.

> 베드로가 가로되 아나니아야 어찌하여 사단이 네 마음에 가득하여 네가 성령을 속이고 땅값 얼마를 감추었느냐(행 5:3)

아나니아와 삽비라도 변질된 사람입니다. 사단이 그의 마음을 사로잡을 때 그의 삶이 변질되었습니다.

여호와의 신이 사울에게서 떠나고 여호와의 부리신 악신이 그를
번뇌케 한지라(삼상 16:14)

사울 왕 역시 변질된 사람입니다. 사울 왕의 변질은 참으로 중요한 의미를 지닙니다. 특히 사무엘상 16장 14절은 변화와 변질의 정답을 한 눈으로 짚어주는 구절입니다. 여호와의 신이 누구입니까? 하나님의 성령이 임할 때 사람은 변화되어갑니다. 그렇지만 악신 즉 악한 마귀가 우리의 삶을 지배할 때 사람은 변질되어갑니다. 즉 성령이 나를 지배할 때 사람은 변화되어가고, 악한 영이 나를 지배할 때 사람은 변질되어갑니다.

변질된 사람의 공통점

변질된 사람들에게도 변화된 사람과 마찬가지로 공통점이 있습니다. 그들의 배후에서 사단이 역사한다는 점입니다.

그들은 회개하지 않고 끝까지 자기를 합리화합니다. 사울 왕은 마땅히 '내 잘못이다' 인정했어야 합니다. 그런데 그는 다윗만 죽이면 모두 해결된다고 생각했습니다. 자신이 변화될 생각은 하지 않고 다윗을 죽여서 해결해야 하겠다고 생각했습니다. 이것이 변질된 사람의 생각입니다. 내가 변화되면 간단한데 왜 상대방을 죽여서 해결하려고 합니까? 내가 변화되어야 해결될 문제인데 나는 변화하지 않고, 아니 오히려 변질되어서 다른 사람 탓만 하는데 어떻게 문제가 해결됩니까? 사울 왕이 이미 변질되었는데 다윗이 죽

는다고 해결 됩니까? 라이벌이 없어진다고 해서 해결되는 것이 아니라 사울 왕이 변화될 때 모든 문제는 해결됩니다.

변화된 사람과 변질된 사람의 열매

그 사람의 생활의 열매를 보면 변화된 자인지 변질된 자인지 금방 알 수 있습니다.

> 오직 성령의 열매는 사랑과 희락과 화평과 오래 참음과 자비와 양
> 선과 충성과 온유와 절제니(갈 5:22)

이것이 변화된 사람들에게 나타나는 열매입니다.

> 육체의 일은 현저하니 곧 음행과 더러운 것과 호색과 우상 숭배와
> 술수와 원수를 맺는 것과 분쟁과 시기와 분냄과 당 짓는 것과 분
> 리함과 이단과 투기와 술 취함과 방탕함과 또 그와 같은 것들이라
> (갈 5:19-21절)

이 모든 것들이 변질된 사람들에게서 나타나는 열매입니다.

변질은 반드시 잘라내야 한다

변화된 모습은 계속 자라가야 하겠지만 변질된 모습은 수술을 해서라도 반드시 잘라내야 합니다. 구약성경을 읽다 보면 한 가지

특이한 사항을 발견할 수 있습니다. 구약성경에는 의사가 나오지 않습니다. 그런데 신약성경으로 넘어가면 의사가 등장합니다.

그렇다면 왜 구약시대에는 의사가 없었습니까? 물론 구약시대에는 의학이 발달하지 못했고 신약시대에는 의학이 발달했기 때문이기도 합니다. 그러나 구약은 건강을 통전적으로 봤고, 신약은 건강을 구분해서 나누어 봤기 때문이라는 것이 보다 더 정확한 이해입니다.

즉 구약시대에는 마음 건강이 곧 몸의 건강이고, 정신 건강이 곧 몸의 건강이라고 함께 봤습니다. 그런데 신약시대에는 마음 건강과 몸의 건강을 따로 구분해서 보았습니다. 그러니 마음 건강은 목사가 보고 몸의 건강은 의사가 본 것입니다.

하지만 구약시대에는 마음 건강과 몸의 건강 모두 하나로 보고 제사장이 봤습니다. 그렇기 때문에 나병 걸린 자를 향해서도 제사장에게 가서 네 몸을 보이라고 하지 않습니까?

그런데 놀라운 사실은 과학과 의학이 발달해가면서 점점 밝혀지는 것이, 몸의 건강을 연구해 보니까 결국 몸의 건강은 마음 건강이고 정신 건강이며 영혼의 건강이더라는 사실입니다. 즉 마음에 병이 드니까 몸이 병들고, 마음이 건강하니까 몸도 건강해집니다.

치료를 계속 해보니까 마음 따로 몸 따로 치료되는 것이 아닙니다. 마음이 계속 상하니까 심장이 안 좋아집니다. 스트레스를 받아 마음이 무너지면 몸도 무너져가고, 컨디션이 계속 좋으니까 몸 상태도 좋아집니다.

이처럼 몸의 변질된 종양이 자라서 내 몸을 죽이는 것처럼, 마음과 성격과 정신과 영혼 속에도 변질된 인격이 있을 때 그것들이 내 영혼을 파멸시켜 갑니다.

육체가 되었든 마음이 되었든 변화된 인생에 대해서는 잘 키워가면 됩니다. 그런데 변질된 것들은 내 몸에 붙어서 나를 파괴합니다. 때문에 스스로 변질된 것들을 깨닫고 그것을 몸에서 떼어내어 변화된 자로 돌아서자는 것이 오늘 말씀의 핵심입니다. 모든 사람들은 두 가지의 모습으로 나타납니다. 회개하고 은혜 받고 성령으로 새롭게 변화되어가든지, 아니면 범죄하고 타락하여 악령으로 변질되어가든지.

처음에는 표시가 나지 않지만 변화나 변질은 계속해서 자라나기 때문에 언젠가는 본인도 느낄 수 있습니다.

새롭게 변화되어가고 있습니까, 아니면 더럽게 변질되어가고 있습니까? 열을 다 보아도 하나를 모를 수 있지만 하나만 봐도 열을 알 수도 있습니다. 변화든 변질이든 연속성이 있습니다. 변화된 모습도 계속 변화된 모습으로 터져 나오고 변질된 모습도 계속 변질된 모습으로 터져 나옵니다. 변질되고 타락한 탕자의 삶 가운데 연속성이 있었듯 변화되고 회개한 탕자의 삶에도 연속성이 있었습니다.

지금 변화의 연속성 속에 서 있습니까, 아니면 변질의 연속성 속에 서 있습니까?

우리의 삶에 붙어있는 변질되어가는 모습들을 놔두면 변질은 자랍니다. 그래서 계속 터져 나옵니다. 건강으로 터져 나오고, 물질로 터져 나오고, 영혼의 파멸로 터져 나오고 환란으로 터져 나옵니다. 변화 시키십시오.

변질에서 변화로 바꾼다는 것이 결코 쉽지 않습니다. 왜냐하면 변질로 나를 붙들고 있는 마귀란 놈이 성령의 사람, 변화의 사람으로 그렇게 쉽사리 내어주지 않을 것이기 때문입니다. 그래서 확고한 의지와 결단이 필요합니다.

내 삶의 변질된 부분이 어떤 부분이고 변화된 부분이 어떤 부분인지는 누구보다 자신이 잘 압니다. 때로는 변질과 변화가 섞여 있습니다. 하지만 세월이 지나면서 방향을 잡아갑니다. 헷갈리는 갈등 속에서 변화의 방향으로 가든, 변질의 방향으로 가든 언젠가는 자리를 잡습니다.

원래는 그런 사람이 아니었는데 너무 훌륭하게 변화되었다면 아름다운 인생이지만, 원래 그런 사람이 아니었는데 변질되었다면 이제 가만 방치해서는 안 됩니다. 그 삶의 결과가 너무 뻔하기 때문입니다. 지금 이 순간 도전하십시오. 변질되어가는 요소를 발견하여 변화의 삶으로 바꾸어가기를 결단하고 도전하십시오.

그런즉 누구든지 그리스도 안에 있으면 새로운 피조물이라 이전 것은 지나갔으니 보라 새것이 되었도다 (고후 5:17)

거짓

너희는 너희 아비 마귀에게서 났으니 너희 아비의 욕심을 너희도 행하고자 하느니라 저는 처음부터 살인한 자요 진리가 그 속에 없으므로 진리에 서지 못하고 거짓을 말할 때마다 제 것으로 말하나니 이는 저가 거짓말쟁이요 거짓의 아비가 되었음이니라(요 8:44)

거짓의 종류

거짓(lie)이란 사실과 어긋난 것, 사실 아닌 것을 사실같이 꾸미는 것을 뜻합니다. 사실과 다르게 꾸며서 하는 말인 거짓말에도 여러 종류가 있습니다. 'lie'가 있습니다. 이것은 강한 비난의 감정이 포함된 나쁜 거짓말입니다. 'fib'가 있습니다. 이것은 누군가에게 피해를 주지 않는 가벼운 거짓말입니다.

예를 들어 아내가 예쁘지 않을지라도 예쁘다고 하는 것, 음식 맛이 없을지라도 먹을 만하다고 하는 거짓말이 여기에 속합니다.

'falsehood'가 있습니다. 이것은 부득이한 경우에 일부러 하는 거짓말입니다. 화장을 곱게 한 신부에게 예쁘다고 하는 것이 여기에 속합니다. 우리들 역시 얼마나 많은 거짓말을 하면서 살아왔습니까?

거짓말투성이, 뻔뻔스러운 거짓말, 속 보이는 거짓말, 허물없는 거짓말, 터무니없는 거짓말, 악의 없는 거짓말, 뻔히 들여다보이는 거짓말, 그럴듯한 거짓말, 앞뒤를 재고 하는 거짓말, 믿을 수 없는 거짓말, 거짓말 같은 거짓말, 하얀 거짓말 등 거짓말의 종류가 얼마나 많은지 모릅니다. 우리가 지금까지 살아오면서 한 거짓말은 그 수를 헤아릴 수 없을 정도로 많습니다.

거짓의 단계

사람은 항상 세 단계에 걸쳐서 행동합니다. 1단계는 생각과 마음의 단계이고, 2단계는 말의 단계이며, 3단계는 행동의 단계입니다. 즉 모든 사람들은 행동하기 전에 말하고, 말하기 전에 마음먹고 생각합니다. 때문에 행동에서 이기려고 하지 말고 말에서 이기고, 말에서 이기기 전에 생각과 마음에서 이겨야 합니다.

어떤 사람이 자살을 했다고 합시다. 그런데 주변 사람들에 의하면 그 사람은 평소에도 죽고 싶다는 말을 많이 했었다고 합니다. 그러니까 느닷없이 하루아침에 죽은 것이 아니라 이미 죽기 전에 죽고 싶다는 말을 반복했다는 것입니다.

때문에 말을 분석할 수 있어야 합니다. 사람들의 말을 그냥 듣지 마십시오. 심지어 아이들이 엉뚱한 말을 할지라도 '아이들 말이니까…' 하고 대수롭지 않게 여기지 말고 그 말까지도 분석하십시오. 말이 나오면 벌써 2단계에 이른 것입니다.

아이들이 말합니다.

"못살겠어요."

그러면 대부분의 어른들은 이렇게 반응합니다.

"쪼그만 놈들이 뭘 못 살아!"

하지만 이렇게 윽박지르지 말고 부드럽고 따뜻하게 물어보십시오.

"왜 못살겠니?"

물어보는 겁니다. 그리고 앉아서 그 아이의 이야기에 귀를 기울이는 것입니다. 그렇게 이야기를 나누었다면 막을 수 있는 일인데 무시함으로 얼마나 많은 큰일들이 일어나는지 모릅니다. 아이들의 문제의 대부분은 터지기 전에 이미 다 말로 표현했습니다. 그런데 더 나아가 보면 말로 표현하기 전에 이미 그 안에는 수많은 고민과 번뇌가 있었습니다.

부모님들이 왜 그렇게 열심히 치열하게 일합니까? 대부분의 부모들의 목적은 단 하나, 자녀들을 잘 키우기 위해서입니다. 하지만 그것은 마음뿐이지 보기에는 그저 돈만 열심히 버는 것처럼 여겨집니다. 말로만 자녀들이 잘되기를 바란다고 하지 말고 현실에서 자녀들이 잘 자랄 수 있도록 노력하는 부모가 되십시오. 돈만 벌어주는 부모가 아니라 자녀의 이야기에 귀 기울여 들어주는 부모가 되기를 바랍니다.

늘 그럴 수는 없을 것입니다. 하지만 때때로 자녀들이 일상과 다른 말을 하거든 그 아이의 말에 귀를 기울이십시오. 이것이 고액과외를 시키는 것보다 더 귀할 수도 있습니다. 문제아들을 보면 대부분이 부모로부터 방치된 아이들, 방관된 아이들입니다. 말 그대로 내팽개쳐진 아이들입니다.

아이들도 항상 고민 가운데 사는 것은 아닙니다. 또 대부분의 문제들은 아이들이 알아서 스스로 잘 넘기고 해결합니다. 하지만 때때로 감당할 수 없는 고민이 쌓이면 엉뚱한 말이 나옵니다. 그 때 유의해서 들어보라는 것입니다. 부모라고 해서 자녀들의 엉뚱한 생각까지는 막을 길이 없습니다. 하지만 엉뚱한 말이 나왔다면 감지할 수 있어야 하고 그 다음으로 이어지는 엉뚱한 행동은 얼마든지 막을 수 있습니다.

자녀와 대화를 나누십시오. 자녀의 문제를 놓고 함께 기도하십시오. 그렇게 해결할 것은 해결하고 하나님께 맡길 것은 맡기고 야단칠 것은 야단치십시오.

어른들도 마찬가지입니다. 행동하기 전에 말하고 말하기 전에 생각합니다. 이것만 잘 적용하면 얼마든지 윤택한 인생을 살 수 있습니다.

밥을 먹을 때만 하더라도 세 단계를 거칩니다. 맨 처음 '그만 먹어야 하는데' 하는 생각이 듭니다. 그 때 수저를 놓아야 합니다. 그런데 그 소리를 무시하고 계속 먹으면 이번에는 이런 소리가 들립니다. '그만 먹어야 되는데 자꾸 먹게 되네.' 그 때 수저만 놓아도 얼마든지 괜찮습니다. 그런데 더 먹으면 문제가 됩니다.

거짓말 역시 세 단계입니다. 가장 먼저 생각의 거짓말을 합니다. 마음과 생각으로 하는 거짓말이 있습니다. 그 다음 단계로는 말로 하는 거짓말입니다. 입술로 거짓말을 하는 것입니다. 그리고 맨 마지막에는 행동의 거짓말을 합니다. 그러니까 행동의 거짓말 단계에서 이기려고 하지 말고 입술의 거짓말 단계에서 이기십시오. 입술의 거짓말을 이기기 전 마음과 생각의 거짓말을 이기는 것이 더 옳습니다.

> 무릇 지킬 만한 것보다 더욱 네 마음을 지키라 생명의 근원이 이에
> 서 남이니라(잠 4:23)

세상은 행동을 터치하고 율법은 행동을 건드립니다. 하지만 하나님의 말씀은 마음을 터치합니다. 하나님의 은혜의 법은 마음을 건드린다는 사실을 알아야 합니다.

> 또 간음치 말라 하였다는 것을 너희가 들었으나 나는 너희에게 이
> 르노니 여자를 보고 음욕을 품는 자마다 마음에 이미 간음하였느
> 니라(마 5:27, 28)

> 옛 사람에게 말한 바 살인치 말라 누구든지 살인하면 심판을 받게
> 되리라 하였다는 것을 너희가 들었으나 나는 너희에게 이르노니

형제에게 노하는 자마다 심판을 받게 되고 형제를 대하여 라가라
하는 자는 공회에 잡히게 되고 미련한 놈이라 하는 자는 지옥 불에
들어가게 되리라(마 5:21, 22)

그 형제를 미워하는 자마다 살인하는 자니 살인하는 자마다 영생
이 그 속에 거하지 아니하는 것을 너희가 아는 바라(요일 3:15)

나무로 표현하자면 뿌리가 있고 줄기가 있고 가지가 있습니다.
이처럼 사람도 마음과 생각이 있고 말이 있고 행동이 있습니다. 회
개를 여기에 적용하자면 행동을 회개하는 것이 아닙니다. 생각과
마음부터 회개가 시작되어야 합니다. 즉 생각과 마음부터 잘라내
야 한다는 말입니다. 나무로 말하면 잘못된 나무는 가지를 잘라내
서 될 문제가 아니라 뿌리부터 뽑아야 하는 것과 마찬가지 원리입
니다.

이미 도끼가 나무뿌리에 놓였으니 좋은 열매 맺지 아니하는 나무
마다 찍어 불에 던지우리라(마 3:10)

도끼가 가지에 놓였다고 말씀하지 않고 뿌리에 놓였다고 하시니
참으로 기막히지 않습니까? 죄 역시 행동을 회개하는 것이 아니라
마음과 생각에서부터 회개가 일어나야 합니다.

거짓의 근원

거짓의 근원에 대하여 살펴보고자 합니다. 거짓은 본래 인간의 것이 아니라 마귀의 것입니다. 즉 마귀가 인간으로 하여금 거짓말을 하게 했습니다. 본문에는 마귀의 특징이 잘 나타나 있습니다. 마귀는 한 마디로 욕심입니다.

> 너희는 너희 아비 마귀에게서 났으니 너희 아비의 욕심을 너희도
> 행하고자 하느니라

자기만을 이롭게 하고자 하는 마음, 분수에 지나치고자 하는 마음이 욕심 아닙니까? 인류 역사를 통하여 인간이 가장 행복했을 때가 언제입니까? 아담과 하와가 에덴동산에서 살던 그 시절입니다. 에덴동산을 생각해 보십시오.

우리가 바라는 행복의 조건은 아무것도 없던 곳입니다. 에덴동산에 집이 있었습니까? 에덴동산에 현찰이 돌았습니까? 에덴동산에 옷이 있었습니까? 에덴동산에 직장이 있었습니까? 에덴동산에 사업이 있었습니까? 그저 있는 것이라고는 먹을 것뿐입니다. 여기에서 깨달은 진리가 있습니다. 인간에게 있어 최고로 행복한 순간은 단지 먹을 것 하나면 족하다는 사실입니다.

성경의 역사에서 인간이 언제 행복했는지 살펴보았습니다. 그랬더니 출애굽한 후 광야시절이 또 행복했습니다. 출애굽해서 광야를 지날 때 얼마나 어려웠습니까? 그 때는 하나님이 물을 주시지 않으

면 단 하루도 살 수 없었습니다. 하나님이 구름으로 햇볕을 가려 주지 않으면 더워서 단 하루도 살 수 없었습니다. 하나님이 밤에 불을 지펴 데워주지 않으면 단 하루도 버티지 못하고 얼어 죽고 말았을 것입니다. 하나님이 만나를 내려주지 않으면 굶어죽을 수밖에 없었을 것입니다. 이처럼 광야에서는 하나님이 도와주지 않으면 단 하루도, 단 한 순간도 살 수 없었습니다. 그런데 그 광야의 40년이 인류 역사상 가장 행복했음을 아십니까?

저의 인생을 돌이켜 보면서 지금까지 가장 행복했던 때가 언제였나 생각했습니다. 그런데 군대 시절입니다. 먹을 것 걱정 하지 않아도 되고, 입을 것 걱정 하지 않아도 됩니다. 그저 비만 오면 수지맞는 날입니다. 왜냐하면 비가 오면 모든 훈련 일정이 중단되고 쉴 수 있기 때문입니다.

군대에 없는 것이 한 가지 있다면 그것은 자유입니다. 가고 싶은 곳에 마음대로 갈 수 없다는 것이 유일한 어려움입니다. 담장 너머 피는 꽃을 보면서 이런 생각도 했습니다.

'저 꽃이 피고 지고 피고 지면 나도 집에 갈 수 있겠지.'

그때는 너무나도 힘들었습니다. 그런데 돌이켜 보니까 그때가 가장 행복했습니다. 삶의 아이러니 아닙니까? 한 인간의 개인사에서도 가장 없었을 때, 가장 힘들었을 때가 가장 행복했다는 것입니다. 왜 그렇습니까? 인생은 지나고 나면 추억인데 추억은 고통스러울수록 아름답기 때문입니다. 그렇습니다. 오늘의 삶이 고통스럽거든 이렇게 생각하십시오.

'인생 추억이 괜찮아지겠군.'

그런데 사실 고통 가운데 있을 때에는 그것을 알기 힘듭니다.

여러분의 삶은 어떻습니까? 더위를 피할 수 있는 집이 있습니다. 추위를 피할 수 있는 집도 있습니다. 밤이 되면 곤한 몸을 뉘일 수 있는 집이 있습니다. 사람마다 개인차이는 있겠지만 그래도 일용할 양식을 살 수 있는 돈이 있습니다.

옷장에는 한번도 안 입고 계절을 넘기는 옷이 한두 벌 정도 있습니다. 일할 수 있는 직장도 있습니다. 비전을 가지고 세워나가는 사업도 있습니다. 그러니 에덴동산의 아담과 비교하면 우리는 재벌 아닙니까? 그런데 왜 에덴동산의 아담보다 행복하지 못합니까? 삶의 아이러니 아닙니까?

그것은 바로 '욕심' 때문입니다. 아무리 채워도 채울 수 없는 욕심, 아무리 가져도 더 갖고 싶은 욕심, 아무리 높아도 더 높아지고자 하는 욕심 때문입니다.

> 그리스도 예수의 사람들은 육체와 함께 그 정과 욕심을 십자가에
> 못 박았느니라 (갈 5:24)

욕심을 십자가에 못 박으면 만족하게 됩니다. 거지가 왜 일을 하지 않는지 아십니까? 거지는 자신의 형편에 자족하기 때문입니다. 그러니까 거지의 눈으로 보면 오히려 열심히 일하는 사람들이 어리석게 보인다고 합니다. 얻어먹어도 얼마든지 살 수 있는데 왜 저렇

게 아등바등 사는가 싶다고 합니다.

인간의 행복과 만족은 두 가지로 접근할 수 있습니다. 욕심을 채워서 만족하든지 욕심을 버려서 만족하든지. 그런데 누구도 욕심을 채워서는 만족할 수 없습니다. 그렇다면 마음을 만족케 할 수 있는 유일한 길이 무엇입니까? 우주보다 큰 그분이 내 속에 들어와야 합니다. 그런데 우주보다 큰 분은 하나님 한 분밖에 없습니다. 그래서 하나님만이 내 마음에 만족을 주실 수 있는 것입니다.

왜 에덴동산의 아담과 하와는 행복했습니까? 에덴동산에는 하나님이 함께 하셨기 때문입니다. 다윗도 마찬가지입니다. 아무것도 없을지라도 하나님 한 분만으로 만족했습니다. 인간의 마음을 채워서 만족할 수 있는 유일한 길은 우주보다 크신 하나님을 내 속에 모시는 것입니다. 하나님이 내 안에 들어오셔야만 만족할 수 있습니다.

대통령이 되었든 장관이 되었든 그 속에 하나님이 계시지 않는다면 만족할 수 없습니다. 위대한 인간을 만족시킬 수 있는 것은 위대한 인간보다 큰 이가 들어와야 하는데 그분은 오직 하나님 한분 밖에 없습니다. 때문에 하나님을 모르는 사람들은 도무지 만족이 없는 것입니다.

또 다른 마귀의 속성은 살인자입니다. 창세기 4장에 보면 형 가인이 동생 아벨을 돌로 쳐 죽입니다. 창세기 말씀만 보면 가인이 화가 나서 동생을 죽인 것처럼 보이기도 합니다. 그런데 그 사건에 대하여 요한일서 3장 12절은 아주 정확하게 설명하고 있습니다.

가인같이 하지 말라 저는 악한 자에게 속하여 그 아우를 죽였으니
어찐 연고로 죽였느뇨 자기의 행위는 악하고 그 아우의 행위는 의
로움이니라

가인이 아벨을 그냥 죽인 것이 아니라고 말씀하십니다. 성경은 가인이 악한 자에게 속하여 아벨을 죽였다고 말씀하십니다. 그렇다면 악한 자가 누구입니까? 마귀입니다.

제 정신으로 어떻게 사람이 사람을 죽입니까? 가룟 유다도 마찬가지였습니다. 제정신으로는 예수님을 팔아넘길 수 없었을 것입니다. 가룟 유다 역시 마귀에게 뒤집어 씌어서 그랬습니다. 영적인 흐름을 보지 못해서 그렇지 오늘도 마귀라는 놈에게 뒤집어 씌어서 사람들은 거짓말도 하고 살인도 합니다.

물론 모든 거짓말이 마귀의 역사라고 한다면 무리가 있습니다. 또 모든 살인이 마귀의 역사라고 한다면 무리가 있습니다. 하지만 어느 정도는 근거가 있는 말입니다. 또 다른 마귀의 속성은 거짓말쟁이요, 거짓의 아비입니다. 마귀 속에는 진리가 없으므로 진리를 말할 수 없습니다. 그러니까 말만 하면 거짓말입니다. 기억하십시오. 마귀에게는 진리가 없고 예수님의 말씀에는 거짓이 없습니다.

내가 곧 길이요 진리요 생명이니 (요 14:6)

이는 하나님이 거짓말을 하실 수 없는 이 두 가지 변치 못할 사실

을 인하여 앞에 있는 소망을 얻으려고 피하여 가는 우리로 큰 안위
를 받게 하려 하심이라(히 6:18)

하나님은 거짓말을 할 수도 없거니와 하시지도 않습니다. 하지만
마귀는 진리를 말할 수 없고 할 수도 없습니다. 마귀는 입만 열면 거
짓말이고 주님께서는 말씀만 하시면 무조건 진리입니다.

그렇다면 여러분의 입에서 나가는 말은 진리입니까, 거짓말입니
까? 만일 진리라면 주님의 사람이지만 거짓말이라면 마귀의 사람은
아닌지 스스로를 돌아보십시오.

거짓된 자들에 대한 경고

거짓말하는 자들에 대하여 성경은 엄중하게 경고합니다. 하나님
은 거짓말하는 자들을 놔두십니다. 계속 놔둡니다. 그렇게 심판 때
까지 놔두십니다.

그러나 두려워하는 자들과 믿지 아니하는 자들과 흉악한 자들과
살인자들과 행음자들과 술객들과 우상 숭배자들과 모든 거짓말하
는 자들은 불과 유황으로 타는 못에 참예하리니 이것이 둘째 사망
이라(계 21:8)

불과 유황으로 타는 곳에 들어가는 둘째 사망이 무엇입니까? 사
람이 이 세상에서 살다 죽으면 첫째 사망을 하게 됩니다. 그런데 그

것으로 끝나는 것이 아니라 그 다음에 그 영혼이 불과 유황으로 타는 곳에 참예하는 둘째 사망이 있습니다. 그래서 육신이 한번 죽고 영혼이 또 한번 죽는 두 번의 죽음이 있습니다. 그런데 어떤 자들이 불과 유황으로 타는 못에 들어간다고 하십니까? 거짓말하는 자들이 거기로 들어간다는 것입니다.

> 무엇이든지 속된 것이나 가증한 일 또는 거짓말하는 자는 결코 그리로 들어오지 못하되 오직 어린 양의 생명책에 기록된 자들뿐이라(21:27)

거짓말하는 자는 천국에 들어가지 못합니다. 즉 지옥에 간다는 것입니다.

> 개들과 술객들과 행음자들과 살인자들과 우상 숭배자들과 및 거짓말을 좋아하며 지어내는 자마다 성밖에 있으리라(22:15)

거짓말을 좋아하고 지어내는 자는 성밖에 있습니다.
성경은 단 한 곳에서도 거짓말에 대하여 가볍게 경고하지 않습니다. 세상은 거짓이 만연하기에 거짓이 없이는 살아갈 수 없다고 말합니다. 하지만 결국 하나님께서 구원하시는 사람은 다릅니다.

> 또 내가 보니 보라 어린 양이 시온 산에 섰고 그와 함께 십사만 사

천이 섰는데 그 이마에 어린 양의 이름과 그 아버지의 이름을 쓴 것이 있도다 내가 하늘에서 나는 소리를 들으니 많은 물소리도 같고 큰 뇌성도 같은데 내게 들리는 소리는 거문고 타는 자들의 그 거문고 타는 것 같더라 저희가 보좌와 네 생물과 장로들 앞에서 새 노래를 부르니 땅에서 구속함을 얻은 십사만 사천 인밖에는 능히 이 노래를 배울 자가 없더라 이 사람들은 여자로 더불어 더럽히지 아니하고 정절이 있는 자라 어린 양이 어디로 인도 하든지 따라가는 자며 사람 가운데서 구속을 받아 처음 익은 열매로 하나님과 어린 양에게 속한 자들이니 그 입에 거짓말이 없고 흠이 없는 자들이더라(계 14:1-5)

하나님 앞에 구원의 노래를 부를 자는 그 입에 거짓말이 없고 흠이 없는 자들이라고 말씀하십니다. 구원을 이야기할 때 항상 조심해야 할 것이 있습니다. 우리의 행위를 믿음 앞에 놓으면 안 된다는 사실입니다. 그렇다고 해서 아무렇게나 행동해도 된다는 말은 아닙니다. 하지만 우리의 입에 거짓이 없고 흠이 없어서 구원 받는 것이 아니라 오직 구원은 믿음으로 받는 것입니다. 즉 구원 받은 사람이기에 그 입에 거짓이 없고 흠이 없어야 된다는 말입니다.

거짓말이 없었기 때문에 구원 받은 게 아니라 구원 받았기 때문에 그 입에 거짓말이 있으면 안 됩니다. 행위가 믿음보다 앞서면 안 되지만 믿음 뒤에는 반드시 행위가 따라야 합니다.

왜 거짓이 문제인가?

그렇다면 거짓이 왜 문제입니까? 사실 거짓말은 이 땅을 아주 편하게 살도록 해줍니다. 이 세상에서 거짓을 말하면 살아가기가 참 편리합니다. 아무리 잘못해도 혼나지 않습니다. 그런데 왜 문제가 되는지 아십니까? 거짓말은 자라나는 속성이 있기 때문입니다. 거짓말은 반드시 자랍니다.

모든 죄와 사망과 멸망과 몰락이 아주 간단한 거짓말부터 시작했음을 아십니까? 모든 멸망 역시 작은 거짓말부터 시작되었습니다. 아주 작은 거짓말이 자라서 몰락에 이르게 합니다. 때문에 거짓말은 엄청난 문제입니다.

뱀이 뭐라고 말하고 있습니까?

여호와 하나님의 지으신 들짐승 중에 뱀이 가장 간교하더라 뱀이

여자에게 물어 가로되 하나님이 참으로 너희더러 동산 모든 나무

의 실과를 먹지 말라 하시더냐(창 3:1)

참 교묘하지 않습니까? 하나님이 언제 먹지 말라고 그랬습니까? 다 먹으라고 하셨습니다. 그런데 '먹지 말라 하시더냐?' 이렇게 거짓으로 묻습니다. 이 거짓말을 잘 보십시오. 아주 조그마한 거짓말이었습니다. 완전한 거짓말이 아니라 반쯤 걸친 거짓말입니다.

'먹지 말라고 하더냐?'

사실 먹지 말라고 하신 것은 오직 선악과뿐이고 나머지는 모두

먹으라고 하셨습니다. 애매모호한 거짓말로 시작했는데 그 죄의 결과가 어떻게 되었습니까?

> 이러므로 한 사람으로 말미암아 죄가 세상에 들어오고 죄로 말미암아 사망이 왔나니 이와 같이 모든 사람이 죄를 지었으므로 사망이 모든 사람에게 이르렀느니라(롬 5:12)

작은 거짓말이 모든 사람을 죄인으로 만들어버렸습니다.

> 저희에게 자유를 준다 하여도 자기는 멸망의 종들이니 누구든지 진 자는 이긴 자의 종이 됨이니라(벧후 2:19)

모든 사람을 마귀의 종으로 만들어버렸습니다.

> 죄의 삯은 사망이요(롬 6:23)

모든 사람을 죽게 만들었고 모든 사람 위에 사망이 왕노릇하게 만들었습니다.

> 그러나 두려워하는 자들과 믿지 아니하는 자들과 흉악한 자들과 살인자들과 행음자들과 술객들과 우상 숭배자들과 모든 거짓말하는 자들은 불과 유황으로 타는 못에 참예하리니 이것이 둘째 사망

이라(계 218)

모든 사람을 지옥가게 만들었습니다. 모든 사람을 죄인으로 만들고, 모든 사람을 마귀의 종으로 만들고, 모든 사람을 사망 안에 가둬 버리고, 모든 사람을 지옥으로 가게 만들어버린 원인이 바로 거짓말입니다. 이 엄청난 결과의 시작은 거짓말이었습니다.

지금도 습관처럼 거짓말이 입술에 담긴 사람들이 얼마나 많은지 모릅니다. 우리는 삶의 형편 때문에 거짓말이 진실인 듯 진실이 거짓말인 듯 담장이 무너진 시대를 살아가고 있습니다. 오늘 말씀을 통해서 깨달으십시오. 아무 것도 아닌 것 같은 작은 거짓말로 시작하지만 그 작은 거짓말이 인생을 파멸로 이끕니다.

미가야가 가로되 그런즉 왕은 여호와의 말씀을 들으소서 내가 보니 여호와께서 그 보좌에 앉으셨고 하늘의 만군이 그 좌우편에 모시고 섰는데 여호와께서 말씀하시기를 누가 이스라엘 왕 아합을 꾀어 저로 길르앗 라못에 올라가서 죽게 할꼬 하시니 하나는 이렇게 하겠다 하고 하나는 저렇게 하겠다 하였는데 한 영이 나아와 여호와 앞에 서서 말하되 내가 저를 꾀이겠나이다 여호와께서 저에게 이르시되 어떻게 하겠느냐 가로되 내가 나가서 거짓말하는 영이 되어 그 모든 선지자의 입에 있겠나이다 여호와께서 가라사대 너는 꾀이겠고 또 이루리라 나가서 그리하라 하였은즉 이제 여호와께서 거짓말하는 영을 왕의 이 모든 선지자의 입에 넣으셨고 또

여호와께서 왕에게 대하여 화를 말씀하셨나이다(대하 18:18-22)

거짓말하게 하는 영이 있음을 말씀하십니다. 그런데 그 영이 선지자의 입에까지 달라붙습니다. 거짓말하는 영이 하나님의 사람의 입에 달라붙을 때에야 다른 사람은 더 이상 말할 것도 없는 것 아닙니까? 왜 입만 열면 거짓말을 하는지 아십니까? 거짓말하는 영이 입에 달라붙어 있기 때문입니다.

지금 이 나라는 온통 거짓의 영에 덮여 있습니다. 모든 사람들의 입에 거짓말이 진실처럼 서 있습니다. 이것은 시작에 불과합니다. 그런데 나중은 어떻게 되겠습니까?

그런즉 거짓을 버리고 각각 그 이웃으로 더불어 참된 것을 말하라

이는 우리가 서로 지체가 됨이니라(엡 4:25)

도산 안창호 선생은 일찍이 이런 말씀을 하셨습니다.

"아 거짓이여! 너는 내 나라를 죽인 원수로구나. 군부(君父)의 원수는 불공대천(不共戴天)이라 했으니, 내 평생에 죽어도 다시는 거짓말을 하지 아니 하리라."

거짓은 에덴을 망하게 만들었습니다.

"하와여 선악과를 먹으시오. 그러면 당신이 하나님같이 될 겁니다."

이렇게 말한 것이 아닙니다. 그저 이렇게 말하면서 접근했습니다.

"다 먹지 말라고 하시더냐?"

오늘날도 마찬가지입니다. 그저 한마디 거짓말일 뿐입니다. 하지만 그것이 자라서 결국에는 나를 삼켜버립니다. 에덴을 망하도록 한 원인은 바로 거짓이었습니다. 그 거짓이 우리의 삶을 망가뜨리고 우리의 가정을 파괴합니다. 우리의 가정이 무너지는 것 역시 거짓말 때문입니다. 우리의 회사가 무너지는 것 역시 거짓말 때문입니다. 우리의 국가가 무너지는 것도 거짓말 때문입니다.

> 거짓 입술은 여호와께 미움을 받아도 진실히 행하는 자는 그의 기뻐하심을 받느니라(잠 12:22)

그렇다면 이제부터 어떻게 해야 합니까?

> 만일 우리가 죄 없다 하면 스스로 속이고 또 진리가 우리 속에 있지 아니할 것이요 만일 우리가 우리 죄를 자백하면 저는 미쁘시고 의로우사 우리 죄를 사하시며 모든 불의에서 우리를 깨끗케 하실 것이요(요일 1:8,9)

해결할 수 있는 유일한 한 가지 방법이 있습니다. 하나님 앞에 회개하고 내 입술에서 거짓을 멀리하는 것입니다. 내 마음과 내 생각과 내 삶에서 거짓의 영을 떠나보내는 것입니다. 거짓의 영을 물리치십시다.

실수

번제 드리기를 필하자 사무엘이 온지라 사울이 나가 맞으며 문안하매 사무엘이 가로되 왕의 행한 것이 무엇이뇨 사울이 가로되 백성은 나에게서 흩어지고 당신은 정한 날 안에 오지 아니하고 블레셋 사람은 믹마스에 모였음을 내가 보았으므로 이에 내가 이르기를 블레셋 사람은 나를 치러 길갈로 내려오겠거늘 내가 여호와께 은혜를 간구치 못하였다 하고 부득이하여 번제를 드렸나이다 사무엘이 사울에게 이르되 왕이 망령되이 행하였도 다 왕이 왕의 하나님 여호와께서 왕에게 명하신 명령을 지키지 아니하였도다 그리하였 더면 여호와께서 이스라엘 위에 왕의 나라를 영영히 세우셨을 것이어늘 지금은 왕의 나라가 길지 못할 것이라 여호와께서 왕에게 명하신 바를 왕이 지키지 아니하였으므로 여호와께서 그 마음에 맞는 사람을 구하여 그 백성의 지도자를 삼으셨느니라 하고 사무엘이 일어나 길갈에서 떠나 베냐민 기브아로 올라가니라 사울이 자기와 함께한 백성을 계수하니 육백 명 가량이라(삼상 13:10-15)

실수(失手), 잃을 실(失)과 손 수(手)가 만나서 이루어진 단어입니다. 잘못해서 그르치는 것이 실수입니다. 굳이 뜻을 따르자면 손으로 잃어버리는 것이 실수입니다. 영어로 실수는 'mistake' 입니다. 동양적 실수는 잃어버리는 것인데 서양적 실수는 잘못 취하는 것입니다. 기막히지 않습니까?

돈 세는 것을 봐도 미국은 바깥쪽을 향하여 돈을 세는데 우리나라는 안으로 끌어당기면서 돈을 셉니다. 연필 깎을 때에도 서양 사람들은 칼날을 자기를 향하여 깎는데 우리는 칼날을 밖으로 향해서 깎습니다. 사실 서양 사람들의 방식이 아둔해 보이기는 합니다. 하지만 다치더라도 내가 다쳐야 된다는 생각때문에 그렇게 깎습니다.

언어도 하나하나 음미해보면 참으로 신비롭습니다. '실수'만 하더라도 우리는 잃어버리는 것을 실수라 하지만 그들은 잘못 취하는 것을 실수라고 합니다. 즉 우리들은 잃어버리면 안 된다는 의식구조이고 미국 사람들은 잘못 취하면 안 된다는 의식구조입니다. 때문에 우리들은 악착같이 잃어버리지 않으려고 하고 서양 사람들은 어쨌든 잘못 갖지 않으려고 합니다.

사람은 누구나 실수합니다. 실수가 없는 사람은 없습니다. 한 번도 실수하지 않는 것이 아니라 실수를 통하여 더 성숙하고 발전되어져가는 것이 인간의 매력입니다.

걸음마를 배우는 아이가 '나는 넘어지는 실수를 단 한번도 하지 않겠다'고 결심한다면 넘어지지 않을지는 몰라도 평생 걸을 수도 없을 것입니다.

> 우리가 다 실수가 많으니 만일 말에 실수가 없는 자면 곧 온전한
> 사람이라 (약 3:2)

이 세상에 온전한 사람은 없습니다. 즉 실수하지 않는 사람은 없다는 것입니다. 마루 운동 선수가 한번도 넘어지지 않겠다고 다짐한다면 훌륭한 마루선수가 될 수 없을 것이며, 평행봉 선수가 한번도 떨어지지 않겠다고 다짐한다면 훌륭한 평행봉 선수가 될 수 없을 것이며, 뜀틀 선수가 한번도 자빠지지 않겠다고 다짐한다면 훌륭한 뜀틀 선수가 될 수 없을 것입니다. 평생 실수하지 않겠다고 작정했다면 운동을 그만 두어야 할 것입니다.

본문에 보면 사울 왕이 등장합니다. 본디 제목은 '사울 왕의 실수' 입니다. 사실 사울 왕의 실수는 우리 모두에게도 적용됩니다. 사울 왕을 세우는 것이 애당초 하나님의 기쁘신 뜻은 아니었습니다. 하지만 왕을 원하는 이스라엘 백성들의 열화와 같은 기도 응답으로 하나님은 이스라엘 최초의 초대 왕으로 사울을 세우셨습니다. 이처럼 인간은 무슨 의미인지, 무슨 말인지도 모르고 굉장히 열심히 기도할 때가 종종 있습니다. 때문에 때로는 우리의 기도가 응답되지 말아야 합니다. 본인도 잘 모르고 기도하는데 모두 응답되면 어떻게 하겠습니까?

사울은 아버지 말씀에 순종하여 부친께서 잃어버린 나귀를 찾다가 사무엘을 만나서 기름 부음을 받고 왕이 됩니다. 그리고 왕이 된 후 암몬과의 첫 싸움에서 대승을 합니다. 여기까지는 그런대로 잘 나가고 좋았습니다. 그런데 그 다음부터 실수가 터져 나오기 시작합니다. 이처럼 수준이 안 되는 사람이 수준 있는 책임을 맡아 살아간다는 것은 참으로 어려운 일입니다.

목회를 하다보면 숱한 사람들을 만나게 되는데 그럴 때 이러한 사실을 실감하게 됩니다. 사람은 수준에 맞춰서 살아야지 수준에 안 맞는 자리에 올라가게 되면 본인은 말할 것도 없고 참으로 여러 사람이 고생하게 됩니다.

수준 없는 사람이 수준 있게 말하고 수준 있게 행동하고 수준 있게 산다는 것이 얼마나 힘든 일인지 모릅니다. 임신하지도 않은 여인에게 아기를 낳으라고 한들 낳을 수 있습니까? 무조건 힘쓴다고 아기가 나옵니까? 마찬가지로 수준이 안 되는 사람에게 수준 있는 삶을 살라고 하는 것은 그 만큼 어려운 일입니다.

평범한 직장 생활이 어울리는 사람인데 사업을 시작하여 가진 돈 모두 없애고 가족들까지 고생시키는 사람들이 얼마나 많습니까? 적당한 곳에 취직하여 직장생활을 하면서 가족과 오붓하게 살면 더없이 행복할 사람이 고시병에 걸려서 처자식을 고생시키거나, 아니면 평생 결혼도 하지 못하는 사람은 또 얼마나 많습니까?

동사무소 직원 정도의 수준밖에 안 되는 사람이 큰 정치를 하겠다고 해서는 국회의원이 되어 많은 사람들을 고생 시키는 경우는 또 얼마나 많습니까?

꿈은 커야 합니다. 하지만 동시에 분수도 알아야 합니다. 사람의 노력에는 분명 한계가 있습니다. 한계를 초월하는 것은 어느 정도 타고 나야 합니다. 제가 지금부터 피나는 연습을 한다고 해서 세계적인 성악가가 되겠습니까? 말도 되지 않는 일입니다.

안 되는 것은 안 되는 겁니다. 꿈은 커야 합니다. 꿈을 부인하는 것은 아닙니다. 하지만 분수도 알아야 합니다.

사울 왕을 보십시오. 수준이 안 되는 사람이 왕이 되니까 본인은 말할 것도 없고 그 가족과 이스라엘 전체가 어렵고 괴롭습니다. 가장은 가장으로서의 수준을 갖추어야 하고, 임금은 임금으로서의 수준을 갖추어야 하고, 목회자는 목회자로서의 수준을 갖추어야 하고, 사장은 사장으로서의 수준을 갖추어야 합니다.

사실 그 자리에 오르게 되면 자신이 제일 먼저 느낄 수 있습니다. 그래서 만일 자신이 있을 자리가 아니라고 여겨진다면 빨리 수준을 높이든가, 아니면 자기에게 맞는 자리로 찾아내려가십시오. 올라가는 데만 신경 쓰지 말고 그 자리가 내게 적합한가를 신경 써야 합니다. 올라가면 안 될 사람을 올려놓으니까 가정도 복잡해지고 사회도 복잡해지고 회사도 복잡해지고 나라도 복잡해지는 것 아닙니까?

예배의 실수

사울 왕이 실수한 것들을 살펴보니 열 가지가 넘습니다. 그 중 첫 번째가 제사의 실수입니다. 사울 왕은 제사에서부터 미끄러지기 시작했습니다.

> 블레셋 사람이 이스라엘과 싸우려 하여 모였는데 병거가 삼만이요 마병이 육천이요 백성은 해변의 모래같이 많더라 (삼상 13:5)

블레셋이 구름떼같이, 모래알같이 쳐들어온 것입니다.

> 이스라엘 사람들이 위급함을 보고 절박하여 굴과 수풀과 바위틈
> 과 은밀한 곳과 웅덩이에 숨으며(6절)

그런데 이스라엘 백성은 싸우려고 하지 않고 구멍만 있으면 숨
습니다.

> 사울이 사무엘의 정한 기한대로 이레를 기다리되 사무엘이 길갈로
> 오지 아니하매 백성이 사울에게서 흩어지는지라 사울이 가로되 번
> 제와 화목제물을 이리로 가져오라 하여 번제를 드렸더니(8절)

> 사무엘이 사울에게 이르되 왕이 망령되이 행하였도다 왕이 왕의
> 하나님 여호와께서 왕에게 명하신 명령을 지키지 아니하였도다
> 그리하였더면 여호와께서 이스라엘 위에 왕의 나라를 영영히 세
> 우셨을 것이어늘(13절)

잘 보십시오. 사울이 부득이한 일은 사무엘에게도 부득이한 일
이고, 사울에게 망령된 일은 사무엘에게도 망령된 일이어야 합니
다. 그런데 왜 사울 왕에게 부득이한 일이 사무엘에게는 망령된 일
이 됩니까? 이것이 수준 차이입니다.

어떤 사건을 대할 때 같은 관점으로 볼 수 있어야 합니다. 그런

데 왜 사울 왕에게는 부득이한 일이 사무엘에게는 망령된 일이 됩니까? 사무엘에게 망령된 일이라면 사울 왕에게도 망령된 일처럼 느껴져야 되는데 왜 사울 왕에게는 부득이한 일로 느껴집니까? 수준 차이가 나기 때문입니다.

야곱과 에서를 보십시오. 야곱에게는 생명보다 귀한 것이 장자의 축복이었습니다. 그런데 그 귀한 장자의 축복이 에서에게는 왜 팥죽 한 그릇 만도 못하게 느껴집니까? 이것 역시 수준 차이입니다.

수준이 무엇입니까? 경중을 아는 것, 즉 경하고 중한 것을 구분할 줄 아는 것이 수준입니다. 무엇이 경한 것이며 무엇이 중한 것인가를 아는 것이 수준입니다. 선후를 아는 것, 즉 무엇이 우선해야 될 일이고 무엇이 나중에 해야 될 일인가를 아는 것이 수준입니다. 먼저 해야 할 일과 기다려야 될 일을 아는 것이 수준입니다. 지금 해야 할 일인지 기다려야 될 일인지 구분하는 것이 수준입니다.

번제는 하나님께 영광 돌리기 위해서, 하나님의 은혜를 받기 위해서, 하나님의 은총을 받기 위해서 드리는 것입니다. 그런데 사울 왕은 지금 전쟁의 승리의 목적으로 변질시키고 말았습니다. 그렇게 주객이 전도되고 말았습니다.

하나님께 번제로 영광을 돌리면 전쟁은 하나님께서 알아서 승리케 해주실 것인데 하나님의 영광은 뒷전이고 자신의 답답함을 해결하고자 번제를 전쟁에 이용했습니다. 이것이 사울 왕의 실수였습니다.

이스라엘 백성들이 자꾸 범하는 실수가 무엇입니까?

'하나님의 법궤가 우리에게 있으니 무조건 염려 없다.'

이 생각입니다. 그렇지 않습니다. 하나님의 법궤가 우리와 함께 있음보다 중요한 것은 우리가 하나님의 뜻대로 순종하고 사느냐 하는 것입니다. 법궤만 있으면 승리할 줄 알고 아무렇게나 살아서 전쟁에 패한 적이 얼마나 많습니까? 법궤만 붙들고 있다고 되는 것이 아니라 하나님 뜻대로 사는 것이 중요합니다.

예수님을 믿지 않는 남편들을 보면 얼마나 아내를 핍박하는지 모릅니다. 그러면서도 또 다른 한 편으로는 이렇게 말하고 다닙니다. "우리 집사람이 얼마나 기도를 열심히 하는지 모릅니다. 그래서 괜찮을 겁니다."

집사람이 열심히 기도해서 괜찮을 수도 있습니다. 하지만 때로는 전혀 안 괜찮을 수도 있습니다. 본인이 먼저 바로 서야 합니다.

다른 실수는 범할지라도 예배만은 실수하지 말아야 합니다.

창세기 4장을 보면 가인은 예배를 실수해서 망했습니다. 믿는 사람이 절대 손대면 안 될 것이 하나 있습니다. 바로 성수주일입니다. 주일은 손대면 큰일이 납니다. 왜 그렇습니까? 주일은 내 날이 아니기 때문입니다. 주일은 반드시 하나님의 날로 지켜야 합니다.

때문에 주일만큼은 절대로 손대면 안 됩니다. 6일은 내 마음대로 하더라도 주일만큼은 반드시 구별해서 주님의 뜻대로 드려야 합니다. 주일은 절대로 손대지 마십시오. 예수 믿는 사람들이 잘못되는 결정적 요인이 어디에서 시작되는지 아십니까? 주일을 범할 때부터입니다.

그릇된 상황판단의 실수

사울은 상황 파악을 잘못하는 실수를 저지릅니다.

> 이 날에 이스라엘 백성이 피곤하였으니 이는 사울이 백성에게 맹세시켜 경계하여 이르기를 저녁 곧 내가 내 원수에게 보수하는 때까지 아무 식물이든지 먹는 사람은 저주를 받을지어다 하였음이라 그러므로 백성이 식물을 맛보지 못하고 (삼상 14:24)

> 백성이 수풀로 들어갈 때에 꿀이 흐르는 것을 보고도 그들이 맹세를 두려워하여 손을 그 입에 대는 자가 없으나 (삼상 14:26)

> 요나단이 가로되 내 부친이 이 땅으로 곤란케 하셨도다 보라 내가 이 꿀 조금을 맛보고도 내 눈이 이렇게 밝았거든 하물며 백성이 오늘 그 대적에게서 탈취하여 얻은 것을 임의로 먹었더면 블레셋 사람을 살육함이 더욱 많지 아니하였겠느냐 (삼상 14:29, 30)

전쟁이 발발하였으니 군사들은 잘 먹고 힘을 얻어서 싸워야 합니다. 그래야 적군을 쳐부술 것인데 다급한 마음에 사울 왕은 금식을 선포하고 말았습니다. 그러니 얼마나 상황파악을 잘못한 것입니까? 아들 요나단이 이렇게 말합니다.

"아버지, 전쟁 났을 때 꿀 조금을 찍어 먹어도 눈이 번쩍 뜨이는데 잘 먹으면 얼마나 잘 싸우겠어요. 전쟁 중에는 먹어야 합니다."

하지만 아버지는 다르게 말합니다.

"잔소리하지 말고 금식해라."

여전히 상황을 파악하지 못하고 있습니다. 아버지가 아들만도 못한 것입니다. 자식은 부모의 충고를 받고 살아야지, 부모가 자식의 충고를 받고 살아서야 되겠습니까? 그런데 사울 왕은 요나단보다도 상황을 파악하지 못하고 있습니다. 금식할 때와 먹고 부르짖을 때를 구분하지 못하고 있습니다.

우리 주변에도 상황을 파악하지 못하는 사람들이 얼마나 많습니까? 약 먹고 수술해야 할 때와 금식하며 기도해야 될 때를 구분하지 못합니다. 사업을 시작해야 될 때와 하던 사업도 정리해야 될 때를 구분하지 못합니다. 집을 사야 될 때와 있던 집이라도 팔아야 될 때를 구분하지 못합니다.

"주여 나로 하여금 기도해야 될 것을 기도하게 하시고, 기도하면 안 되는 것은 기도하지 않게 하시고, 그 둘을 분별할 수 있는 지혜를 주시옵소서."

말의 실수

사울은 말이 너무 거칠었습니다. 즉 말의 실수가 많았다는 것입니다.

> 이 날에 이스라엘 백성이 피곤하였으니 이는 사울이 백성에게 맹세시켜 경계하여 이르기를 저녁 곧 내가 내 원수에게 보수하는 때

까지 아무 식물이든지 먹는 사람은 저주를 받을지어다(14:24)

자기 백성을 저주해서 무슨 좋은 일이 있을 것이라고 그렇게 저주를 퍼붓습니까?

이스라엘을 구원하신 여호와의 사심으로 맹세하노니 내 아들 요
나단에게 있다 할지라도 반드시 죽으리라(39절)

자기 아들을 죽여서 무슨 좋은 일이 있을 것이라고 아들을 죽이려고 합니까?

사울이 가로되 요나단아 네가 반드시 죽으리라 그렇지 않으면 하
나님이 내게 벌을 내리시고 또 내리시기를 원하노라(14:44)

말이란 생각의 표현이요, 사람의 행동은 말의 결정체입니다. 그러므로 사람의 생각과 마음과 말과 행동은 거의 일직선상에서 일치하게 되어 있습니다.

그들에게 이르기를 여호와의 말씀에 나의 삶을 가리켜 맹세하노
라 너희 말이 내 귀에 들린 대로 내가 너희에게 행하리니
(민 14:28)

네 말이 내 귀에 들린 대로 행하겠다고 말씀하십니다. 행복하기를 원한다고 말하면 행복하게 해주겠다고 하십니다. 흥하기를 원한다고 말할 때 흥하게 해주겠다는고 하십니다. 복 받기를 원한다고 말할 때 복 받게 해주겠다고 하십니다. 반대로 스스로 저주하는 말을 하면 그 말이 귀에 들린 대로 그대로 행해주겠다고 하십니다.

> 독사의 자식들아 너희는 악하니 어떻게 선한 말을 할 수 있느냐 이는 마음에 가득한 것을 입으로 말함이라 선한 사람은 그 쌓은 선에서 선한 것을 내고 악한 사람은 그 쌓은 악에서 악한 것을 내느니라 내가 너희에게 이르노니 사람이 무슨 무익한 말을 하든지 심판 날에 이에 대하여 심문을 받으리니 네 말로 의롭다 함을 받고 네 말로 정죄함을 받으리라(마 12:34~37)

네가 한 말로 의롭다함도 받고 정죄도 받는다는 것입니다. 말로 의로워지고, 말로 정죄 당한다는 것입니다. 사울 왕은 이렇게 중요한 말에서 너무 많은 실수를 범했습니다.

불순종의 실수
하나님의 말씀에 순종하지 않는 실수를 범합니다.

> 내가 사울을 세워 왕 삼은 것을 후회하노니 그가 돌이켜서 나를 좇지 아니하며 내 명령을 이루지 아니하였음이니라 하신지라

(삼상 15:11)

사무엘이 사울에게 이른즉 사울이 그에게 이르되 원컨대 당신은
여호와께 복을 받으소서 내가 여호와의 명령을 행하였나이다
(15:13)

사울 왕은 하나님의 명령대로 순종했다고 말합니다. 그런데 하나님은 나의 명령대로 행치 않았다고 말씀하십니다. 이것이 바로 수준차이입니다. 사울 왕이 "내가 하나님 말씀대로 살았나이다." 이렇게 말하면 하나님 역시 "그가 내 말대로 살았다"고 하시든지, 사울 왕이 "내가 하나님 말씀대로 못 살았나이다"라고 말하면 하나님도 역시 "그래 네가 내 말대로 못 살았다." 이렇게 일치되어야 하는데 수준이 다르니까 말도 맞지 않습니다.

공부 잘하는 자녀는 부모님이 그만 공부하고 자라고 해도 더 하겠다고 말합니다.

"오늘 공부 너무 못했어요. 조금만 더 하다가 잘게요."

하지만 공부 못하는 자녀는 부모님이 공부 좀 하라고 하면 이렇게 말합니다.

"오늘 머리가 터지도록 공부 많이 했어요."

일도 마찬가지입니다. 목회도 마찬가지입니다. 저는 아직도 열심이 부족하다고 생각합니다. 지난 사역들을 생각해보면 정말 더 잘할 수 있었을 텐데 하는 아쉬움이 늘 남습니다. 그런데 어떤 목

회자들은 저처럼 하면 죽는다고 합니다. 그렇다면 이 둘의 차이는 어디에서 시작되었습니까? 느낌의 차이이고 수준의 차이입니다. 이것이 잘하는 사람과 못하는 사람의 차이입니다.

하나님이 사울 왕에게 물으십니다.

"너는 왜 내 말을 안 듣느냐?"

그런데 사울 왕은 뭐라고 대답합니까?

"저는 주님의 뜻대로 살았습니다."

이것은 누군가 도와준다고 해서 될 문제가 아닙니다. 수준 있는 사람은 도와주지 않아도 다 알아서 해나갑니다. 하지만 안 되는 사람은 아무리 도와줘도 안 됩니다. 이것을 빨리 깨달아야 합니다. 도움의 문제가 아니라 수준의 문제입니다. 왜 그것을 깨닫지 못하는지 모르겠습니다. 깨닫는 것도 수준입니다. 깨달으십시오. 도움의 문제가 아니라 수준의 문제입니다.

여러분의 관점이 하나님과 같아지기를 바랍니다. 그래서 하나님이 불순종했다고 하시면 "주님, 제가 불순종했습니다." 인정하고 하나님께서 "너는 참 충성스럽구나." 말씀하시면 "부끄럽지만 더욱 최선을 다하겠습니다." 이렇게 되기를 바랍니다.

하나님은 사울 왕에게 불순종했다고 하는데 정작 본인은 주님 뜻대로 살고 있노라 말합니다. 그러니 도무지 대책이 서지 않습니다.

> 사무엘이 가로되 그러면 내 귀에 들어오는 이 양의 소리와 내게 들리는 소의 소리는 어쩜이니이까 (삼상 15:14)

사무엘이 가로되 여호와께서 번제와 다른 제사를 그 목소리 순종
하는 것을 좋아하심 같이 좋아하시겠나이까 순종이 제사보다 낫
고 듣는 것이 수양의 기름보다 나으니 이는 거역하는 것은 사술의
죄와 같고 완고한 것은 사신 우상에게 절하는 죄와 같음이라 왕이
여호와의 말씀을 버렸으므로 여호와께서도 왕을 버려 왕이 되지
못하게 하셨나이다(삼상 15:22, 23)

점점 수렁 속으로 빠지고 있습니다. 하나님이 원하시는 것은 순
종과 충성입니다.

죽도록 충성하라 그리하면 내가 생명의 면류관을 네게 주리라
(계 2:10)

기념비를 세우는 실수

사울 왕은 그런 와중에도 자기를 위한 기념비를 세우는 실수를
범합니다.

사무엘이 사울을 만나려고 아침에 일찍이 일어났더니 혹이 사무
엘에게 고하여 가로되 사울이 갈멜에 이르러 자기를 위하여 기념
비를 세우고 돌이켜 행하여 길갈로 내려갔다 하는지라(15:12)

지금이 기념비를 세울 때입니까? 기념은 본인이 하는 것이 아니

라 하나님께서 해주시는 일입니다. 옥합을 깨뜨린 마리아를 향하여 주님이 뭐라고 말씀하십니까?

내가 진실로 너희에게 이르노니 온 천하에 어디서든지 복음이 전파되는 곳에는 이 여자의 행한 일도 말하여 저를 기념하리라 하시니라(막 14:9)

기념은 주님께서 해주셔야 하는 것이고, 하나님이 해주셔야 하는 것입니다. 그런데 사울 왕을 보십시오. 자기 스스로 기념합니다. 수준이 안 되니까 하는 짓마다 안 되는 짓만 하고 다니지 않습니까? 남들이 세워준다고 하더라도 사울 왕의 입장에서는 이래야 되는 것 아닙니까?

"내가 지금 하나님 뜻대로 못 살고 있는데 무슨 기념비냐?"

그런데 수준이 안 되니까 하는 짓이 이렇습니다.

롯을 보십시오. 의인 열 명이 없어 소돔 고모라가 멸망하는 것은 모르고 소알 땅에 가서 술 먹고 딸들과 동침하지 않습니까? 수준이 안 되니까 하는 짓도 이렇습니다.

누구라도 잘못할 수는 있습니다. 그러면 적어도 이래야 합니다.

"우리가 지금 술 먹을 때가 아니다. 기도하자."

이러한 기도가 사울의 삶 가운데 듬성듬성이라도 있었다면 그의 인생이 왜 멸망했겠습니까? 이 세상에 주님의 도움을 받지 않고 살아갈 사람이 있습니까? 이 세상에 하나님이 도와주지 않고 자기 의지로 살아갈 수 있는 사람은 단 한 명도 없습니다.

'내 힘과 결심 약하여 늘 깨어지기 쉬우니'

내 힘과 결심이 얼마나 약합니까? 날마다 깨집니다. 그러니까 도와달라고 기도해야 합니다. 그렇게 하나님의 도움으로 살아야 될 사울 왕이 지금 기념비를 세우고 다니고 있습니다. 여전히 정신 못 차린 행동을 합니다.

회개하지 않는 실수

사울 왕은 죄에 대하여 진실하게 뉘우치지 않는 실수를 범합니다. 즉 회개하지 않는 실수를 범합니다.

> 사울이 가로되 내가 범죄하였을지라도 청하옵나니 내 백성의 장
> 로들의 앞과 이스라엘의 앞에서 나를 높이사 나와 함께 돌아가서
> 나로 당신의 하나님 여호와께 경배하게 하소서 (15:30)

"내가 범죄하였을지라도" 이 때 '…지라도' 이 부분부터 느낌이 좋지 않습니다. '내가 범죄하였나이다' 이래야 마땅할 것인데 '내가 범죄했을지라도' 라고 합니다.

이처럼 사울 왕은 죄에 대한 회개보다는 체면을 더 생각하는 수준입니다. 같은 죄를 짓더라도 각 사람의 수준에 따라 죄에 대한 자세가 참으로 많이 다릅니다. 죄 앞에서 다윗은 식음을 전폐하고 금식하며 기도했습니다.

"내가 하나님 앞에 범죄하였나이다."

얼마나 울며 기도했는지 눈물로 베개를 적셨다고 합니다.

그런데 사울은 어떻습니까?

"내가 좀 잘못했다고 해도 장로들 앞에서 제 체면 좀 생각해 주십시오."

이것이 사울 왕의 수준입니다.

성격적인 실수

사울 왕은 성격이 괴팍하고 변덕이 너무 심했습니다. 요즘 말로 하면 변덕이 팥죽 끓듯 했던 것입니다. 누구라도 죽이겠다고 말해 놓고도 아들 요나단이 걸리니까 용서해줍니다.

다윗과의 관계를 보십시오. 다윗을 해하지 않겠다고 몇 번이나 다짐합니까? 심지어 다윗에게 자신의 잘못을 고백까지 합니다. 그래놓고 또 죽이려고 합니다. 다윗에게 '네가 나보다 낫다' 고 해놓고 또 죽이려고 합니다.

> 사울이 요나단의 말을 듣고 맹세하되 여호와께서 사시거니와 그
> 가 죽임을 당치 아니하리라 (19:6)

다윗이 죽임을 당치 아니하겠다고 사울 입으로 말해놓고 어떻게 합니까?

이새의 아들이 땅에 사는 동안은 너와 네 나라가 든든히 서지 못 하리라 그런즉 이제 보내어 그를 내게로 끌어오라 그는 죽어야 할 자니라(20:31)

죽이지 않으리라 해놓고는 또 죽여야 된다고 합니다. 이것이 반 복됩니다. 변덕이 팥죽 끓듯 한다면 결코 좋지 않습니다. 물론 사 람이기에 말한 대로만 살 수는 없습니다. 하지만 어쩌다 한번 저지 르는 실수와 습관적으로 하는 실수는 엄연히 다릅니다.

미친 사람 행세하는 실수

사울 왕은 결국에는 귀신 들려 미친 사람처럼 행세하는 실수를 범합니다.

여호와의 신이 사울에게서 떠나고 여호와의 부리신 악신이 그를 번뇌케 한지라(삼상 16:14)

하나님의 부리신 악신이 사울에게 이를 때에 다윗이 수금을 취하 여 손으로 탄즉 사울이 상쾌하여 낫고 악신은 그에게서 떠나더라 (23절)

성령 받은 하나님의 사람이었던 사울이 이제는 귀신이 들락날락 하는 사람으로 변해버리고 말았습니다. 성령님과 귀신은 어찌 보 면 정반대이고 상대적입니다. 즉 성령의 감화가 있고 성령의 감동이 있고 성령의 충만함이 있듯 귀신의 역사가 있고 귀신 들림이 있고 귀신 충만도 있습니다. 지금 사울 왕의 상태는 귀신의 역사 정도가 아니라 귀신이 충만하여 오히려 귀신이 사울 왕의 의지를 지배하는 상태까지 진행되고 말았습니다.

악한 영이 밖에서 역사할 때가 있습니다. 이때는 자기 의지나 자기 믿음으로 이기면 됩니다. 창세기 3장을 보십시오. 마귀란 놈이 하와를 밖에서 유혹합니다.

> 뱀이 여자에게 이르되 너희가 결코 죽지 아니하리라 너희가 그것
> 을 먹는 날에는 너희 눈이 밝아 하나님과 같이 되어 선악을 알줄
> 을 하나님이 아심이니라(4, 5절)

이럴 때에는 자기의 의지로 지키면 됩니다. 그런데 이 악한 영이 사람 속에 내주할 때가 있습니다.

> 더러운 귀신이 사람에게서 나갔을 때에 물 없는 곳으로 다니며 쉬
> 기를 구하되 얻지 못하고(마 12:43)

이렇게 사람 속으로 들어오는 경우는 좀전에 언급한 것보다는 상당히 심각합니다. 형편이 더 악해졌기 때문입니다.

이 단계를 지나면 악령이 충만한 상태까지 이릅니다. 마가복음 5장에 나오는 거라사 지방의 귀신 들린 사람이 여기에 속합니다.

이것은 감화 정도가 아니고, 내주 정도가 아니고, 충만입니다. 성령이 충만하지는 못할망정 악한 영이 충만하여 있습니다. 그러니까 어떤 증세가 나타납니까?

> 예수께서 바다 건너편 거라사인의 지방에 이르러 배에서 나오시매 곧 더러운 귀신 들린 사람이 무덤 사이에서 나와 예수를 만나다 그 사람은 무덤 사이에 거처하는데 이제는 아무나 쇠사슬로도 맬 수 없게 되었으니 이는 여러 번 고랑과 쇠사슬에 매였어도 쇠사슬을 끊고 고랑을 깨뜨렸음이러라 그리하여 아무도 저를 제어할 힘이 없는지라 밤낮 무덤 사이에서나 산에서나 늘 소리 지르며 돌로 제 몸을 상하고 있었더라(막 5:1-5)

악한 영이 충만할 때 그 사람 속에서 나타나는 현상입니다. 사울 왕도 거의 여기까지 이르렀습니다. 귀신들린 사람에게 나타나는 보편적인 현상이 있습니다. 악한 영이 임한 사람에게는 악한 영의 열매가 맺히고 성령이 임한 사람에게는 성령의 열매가 맺힙니다.

갈라디아서 5장을 보십시오. 만일 이 말씀에 한 항목이라도 해당된다면 과감하게 회개하십시오.

> 육체의 일은 현저하니 곧 음행과 더러운 것과 호색과 우상숭배와 술수와 원수를 맺는 것과 분쟁과 시기와 분냄과 당 짓는 것과 분리함과 이단과 투기와 술 취함과 방탕함과 또 그와 같은 것들이라

전에 너희에게 경계한 것같이 경계하노니 이런 일을 하는 자들은
하나님의 나라를 유업으로 받지 못할 것이요 (갈 5:19-21)

하나라도 해당한다면 표시하고 없어질 때까지 눈물로 회개하며
기도하십시오.
그렇다면 성령의 사람은 어떻습니까?

오직 성령의 열매는 사랑과 희락과 화평과 오래 참음과 자비와 양선과 충
성과 온유와 절제니 이 같은 것을 금지할 법이 없느니라 그리스도 예수의
사람들은 육체와 함께 그 정과 욕심을 십자가에 못 박았느니라 (22-24절)

아히멜렉과 85인의 제사장을 죽이는 실수

사울 왕은 제사장 아히멜렉과 85인의 제사장을 죽이는 실수를
범합니다.

왕이 좌우의 시위자에게 이르되 돌이켜 가서 여호와의 제사장들
을 죽이라 그들도 다윗과 합력하였고 또 그들이 다윗의 도망한 것
을 알고도 내게 고발치 아니하였음이니라 하나 왕의 신하들이 손
을 들어 여호와의 제사장들 죽이기를 싫어한지라 왕이 도엑에게
이르되 너는 돌이켜 제사장들을 죽이라 하매 에돔 사람 도엑이 돌
이켜 제사장들을 쳐서 그 날에 세마포 에봇 입은 자 팔십오 인을
죽였고 (삼상 22:17, 18)

돌이킬 수 없는 선을 넘고 만 것입니다. 같은 하나님 기름 부음 받은 사람임에도 불구하고 말입니다 하지만 다윗 왕은 아무리 미친 개 같은 사울 왕일지라도 죽이지 않았습니다. 아니, 손도 대지 않았습니다.

그런데 사울 왕은 하나님이 쓰시는 제사장을 무려 85명이나 죽이고 맙니다. 이제는 대책이 없습니다.

신접한 여인을 찾는 실수

사울 왕은 하나님이 금하신 신접한 여인을 찾아다닙니다.

> 사울이 그 신하들에게 이르되 나를 위하여 신접한 여인을 찾으라 내가 그리로 가서 그에게 물으리라 그 신하들이 그에게 이르되 보소서 엔돌에 신접한 여인이 있나이다 사울이 다른 옷을 입어 변장하고 두 사람과 함께 갈새 그들이 밤에 그 여인에게 이르러는 사울이 가로되 청하노니 나를 위하여 신접한 술법으로 내가 네게 말하는 사람을 불러 올리라 여인이 그에게 이르되 네가 사울의 행한 일 곧 그가 신접한 자와 박수를 이 땅에서 멸절시켰음을 아나니 네가 어찌하여 내 생명에 올무를 놓아 나를 죽게 하려느냐
>
> (삼상 28:7~9)

사울은 옷을 입고 변장을 한 후 두 사람과 함께 무당을 찾아다녔습니다. 하나님께 물어야 될 일을 무당에게 묻는 엄청난 실수를 범

한 것입니다.

자살하는 실수

사울 왕은 결국 인생을 자살로 끝내버리는 엄청난 실수를 저지르고 맙니다.

> 그가 병기 든 자에게 이르되 네 칼을 빼어 나를 찌르라 할례 없는
> 자들이 와서 나를 찌르고 모욕할까 두려워하노라 하나 병기 든 자
> 가 심히 두려워하여 즐겨 행치 아니하는지라 이에 사울이 자기 칼
> 을 취하고 그 위에 엎드러지매 병기 든 자가 사울의 죽음을 보고
> 자기도 자기 칼 위에 엎드러져 그와 함께 죽으니라 사울과 그 세
> 아들과 병기 든 자와 그의 모든 사람이 다 그 날에 함께 죽었더라
> (삼상 31:4-6)

실수에서 배우는 교훈

사울 왕의 실수를 보면서 네 가지 교훈을 얻을 수 있습니다.

첫째, 한번의 실수로 무너지는 사람은 없다는 것입니다. 사람들은 반복되는 실수로 넘어집니다. 한번 실수는 괜찮습니다. 하지만 반복되는 실수라면 조심하십시오.

다윗도 간음의 실수를 했고, 아브라함도 거짓말하는 실수를 했으며, 모세도 사람을 죽이는 실수를 했고, 베드로도 주님을 모른다고 세 번씩이나 부인하는 실수를 했습니다. 하지만 그들은 오히려

이러한 실수 때문에 더 충성된 종, 더 큰 일을 하는 종이 되었습니다. 하나님의 용서하심을 생각하고 주님 앞에 나오십시오. 일흔 번씩 일곱 번이라도 용서하시는 하나님 앞에 나오십시오.

죽을 사람과 살 사람의 차이점이 뭔지 아십니까? 죽을 사람은 죄가 크게 보이고 하나님의 용서는 작게 보입니다. 하지만 살 사람은 죄는 작게 보이고 하나님의 용서가 크게 보입니다. 죄보다 하나님의 은혜가 더 크게 보이기를 바랍니다. 지은 죄를 신경 쓰지 말고 주의 보혈의 능력을 믿으십시오.

죄 때문에 고민하지 말고 예수의 보혈의 능력을 의지하고 나아오기를 바랍니다.

두 번째, 아무리 실수를 하더라도 예배 만큼은 실수하면 안 된다는 것입니다. 아무리 간음을 했어도 예배가 살아있어야 은혜 받고 용서도 받을 것 아닙니까? 혈기를 냈을지라도 예배가 살아있어야 은혜 받고 용서 받을 것 아닙니까? 도둑질을 했을지라도 예배가 살아야 은혜 받고 용서 받을 것 아닙니까? 그런데 예배가 죽으면 어디에서 은혜를 받겠습니까?

성경을 보면 예배가 죽은 사람은 죽었습니다. 예배만 살아 있다면 죄를 짓더라도 다시 살아납니다. 때문에 예배만은 반드시 살아야 합니다. 물을 떠난 고기가 살 수 있을지라도 예수님을 떠난 심령은 살 수 없습니다.

예배 시간에 은혜 받지 않고 어떻게 살아갑니까? 엘리가 예배를 방해하고 무너뜨리는 자식들에게 이렇게 말합니다.

사람이 사람에게 범죄하면 하나님이 판결하시려니와 사람이 여호와께 범죄하면 누가 위하여 간구하겠느냐(삼상 2:25)

예배를 통해서 지은 죄는 누구도 속량할 수 없다는 것입니다.

이 소년들의 죄가 여호와 앞에 심히 큰 그들이 여호와의 제사
(예배)를 멸시함이었더라(삼상 2:17)

그 뒤에 나온 얘기가 뭔지 아십니까? 하나님이 그들을 죽이기로 작정하셨기 때문이라는 겁니다. 하나님이 죽이기로 작정한 자에게 나타나는 증세가 바로 예배가 죽는 것입니다. 어찌 되었든 예배는 반드시 살아있어야 합니다.

세 번째 하나님의 기름 부으신 제사장을 해하지 말아야 한다는 것입니다. 사울은 여기에서 결정적인 실수를 범했습니다. 목사님과 사이가 틀어지면 아무리 목사님이 하늘의 복음을 선포하고 천사 같은 말을 할지라도 은혜를 받을 수 없습니다. 그러니까 죽는 겁니다.

다윗은 누가 보더라도 죄인인 사울이었지만 손대지 않았습니다. 왜 그랬습니까? 그것은 하나님의 소관이라고 믿었기 때문입니다.

저 역시 다른 목사님들에 대하여는 손대지 않습니다. 왜 그렇습니까? 그건 저의 소관이 아니기 때문입니다. 그것은 하나님이 알아서 하실 일입니다. 그런데 왜 하나님의 일을 자신이 직접 하려고

합니까? 무슨 일이 있을지라도 주의 종만은 손대지 마십시오. 주의 종과 형통할 때 하나님과의 관계도 바로 서게 됩니다.

사울 왕은 85명의 제사장을 죽임으로 돌이킬 수 없는 선을 넘어가는 엄청난 실수를 범했습니다. 손대면 안 될 사람이 있습니다. 임금님, 목사님, 아버님은 우리가 손댈 사람이 아닙니다. 하나님께 맡기십시오.

네 번째, 아무리 큰 실수를 범했을지라도 자살만큼은 하지 말았어야 합니다. 내가 나를 죽이면 천국에 가지 못합니다. 죽을 힘으로 못할 것이 뭐가 있겠습니까? 생명 걸면 안 되는 일이 뭐가 있겠습니까? 그러니 자살만큼은 하지 맙시다.

사울 왕이 자살만 하지 않았더라도 어떻게 구원의 길이 열렸을지도 모르겠습니다. 그렇기 때문에 자살은 마귀의 전략입니다. 마귀는 우리로 하여금 자살까지 끌고 가려고 애를 씁니다. 죽을 힘이 있다면 마귀의 전략에 무너지지 말고 사는 곳에 쓰십시다.

언어폭력

옛사람에게 말한 바 살인치 말라 누구든지 살인하면 심판을 받게 되리라 하였다는 것을 너희가 들었으나 나는 너희에게 이르노니 형제에게 노하는 자마다 심판을 받게 되고 형제를 대하여 라가라 하는 자는 공회에 잡히게 되고 미련한 놈이라 하는 자는 지옥 불에 들어가게 되리라 그러므로 예물을 제단에 드리다가 거기서 네 형제에게 원망 들을 만한 일이 있는 줄 생각나거든 예물을 제단 앞에 두고 먼저 가서 형제와 화목하고 그 후에 와서 예물을 드리라 너를 송사하는 자와 함께 길에 있을 때에 급히 사화하라 그 송사하는 자가 너를 재판관에게 내어주고 재판관이 관예에게 내어주어 옥에 가둘까 염려하라 진실로 네게 이르노니 네가 호리라도 남김이 없이 다 갚기 전에는 결단코 거기서 나오지 못하리라(마 5:21-26)

읽자마자 바로 이해되는 하나님의 말씀이 있는가 하면 그때는 잘 이해되지 않았지만 나중에야 깨닫고 이해되는 말씀도 있습니다. 중요한 사실은 하나님의 말씀이 이해가 되든지 이해가 되지 않든지 그것은 전적으로 본인의 성숙함의 문제라는 사실입니다.

하나님의 말씀이 믿어지지 않거나 이해되지 않는 것은 전적으로 말씀을 읽는 당사자의 수준 때문입니다. 하나님의 말씀은 신앙의 성숙도에 따라, 신앙의 지식정도에 따라, 신앙의 경험정도에 따라 이해가 달라집니다. 이해가 되든지 이해가 되지 않든지 상관 없이 분명한 사실은 하나님이 하신 말씀은 일 점 일 획도 가감 없는 진리입니다.

말씀을 따를 것인가 습관을 따를 것인가?

옛사람에게 말한 바 (21절)

본문은 이렇게 시작합니다. 여기에서 옛사람에게 말한 것이란 구약시대에 모세를 통하여 사람들에게 주신 십계명 가운데 6계명의 말씀, 즉 살인하면 심판을 받게 된다는 것을 뜻합니다. 이때 심판의 뜻은 여러 가지입니다. 여기에서는 마지막에 하나님께서 천당이나 지옥으로 보낼 선악을 가리는 일을 의미합니다.

"나는 너희에게 이르노니 형제에게 노하는 자마다 심판을 받게 되고" 다른 번역 성경에는 이렇게 되어 있습니다.

"형제를 향하여 성내는 사람은 누구든지 재판을 받아야 되며"

이 문어체의 말씀을 다시 쉽게 구어체로 바꾸면 이렇습니다.

"형제를 향하여 성질내는 사람은 누구든지 재판을 받아야 되며"

모세의 옛 계명에는 살인하면 심판을 받았지만 예수님의 새로운 계명에는 형제에게 성질내는 사람은 심판을 받게 된다는 것입니다. 그렇다면 법이 엄해진 것입니까, 아니면 주님께서는 살인죄와 성내는 죄를 같게 보실 정도로 성내는 죄를 크게 여기신 것입니까?

문제는 이러한 말씀을 읽어도 그렇게 마음에 와 닿지 않는다는 데 있습니다. 왜 그렇습니까? 주님의 심정으로 말씀을 보는 것이 아니라 내 방식대로 내 감정을 기준으로 말씀을 보기 때문입니다.

우리는 말씀을 읽을 때 말씀 그대로 해석하지 않고 나름의 주관을 가지고 다시 재해석을 합니다.

"에이! 살면서 형제에게 화 안 내는 사람이 어디 있어? 그래서 심판 받는다면 심판 안 받을 사람 하나도 없겠네."

그리고는 아무렇지 않게 성질을 냅니다. 자기의 보편적인 생각으로 하나님의 말씀에 불순종 내지는 거역을 하더라는 것입니다.

항상 기뻐하라(살전 5:16)

현재 능동태 명령법 2인칭 복수로 되어진 말씀입니다. 즉 문법대로 적용하여 말씀을 풀자면 '너희는 지금 계속해서 무조건적으로 기뻐하고 있으라' 는 겁니다. 그렇게 명령하셨으니까 우리는 항상 기뻐해야 합니다. 선택사항도 아니고 권고사항도 아니고 주님의 엄중한 명령입니다. 선택의 여지가 없습니다.

항상 기뻐해야 됩니다. 그런데도 항상 기뻐하지 않습니다. 말씀대로 살면 오히려 그것이 이상한 것이라고, 항상 기뻐하지 못하는 것이 당연하다며 살아갑니다.

항상 기뻐하며 사는 것이 제대로 사는 겁니까, 항상 기뻐하지 않고 사는 것이 제대로 사는 겁니까? 마찬가지로 형제에게 화내면 심판을 받는 것이 옳습니까, 아니면 화내면서 살아도 되는 것이 옳습니까?

형제를 대하여 라가라 하는 자는 공회에 잡히게 되고(마 5:22)

다른 성경은 이렇게 번역되어 있습니다.

"형제를 가리켜 바보라고 욕하는 사람은 중한 법정에 넘겨질 것이다."

즉 형제더러 미련한 놈이라고 말하면 의회에 끌려가게 될 것이라고 말씀하십니다. 이때 '라가' 라는 말은 심한 모욕을 주는 욕으로 침 뱉는다, 바보와 같은 의미입니다. 즉 모든 말씀을 종합하면 침 뱉으면서 바보 같은 놈이라고 말하면 중한 법정에 끌려간다는 것입니다.

"미련한 놈이라 하는 자는 지옥 불에 들어가게 되리라"

다른 번역 성경은 이렇게 되어 있습니다.

"자기 형제더러 미친놈이라 하는 사람은 불 붙는 지옥에 던져질 것이다."

자기 형제에게 '미친놈!' 이라고 하면 펄펄 끓는 유황불에 들어간다는 말입니다. 지금까지의 인간관계를 돌이켜보십시오. 다른 사람에게 미친놈이나 미친년이라고 한 번도 해본 적이 없습니까? 그러니 여간 큰 문제가 아닙니다. 아무래도 성경을 재구성해야 할 것 같습니다. 그런데 하나님의 말씀은 일점일획이라도 변함이 없습니다.

내가 율법이나 선지자나 폐하러 온 줄로 생각지 말라 폐하러 온 것이 아니요 완전케 하려 함이로라 진실로 너희에게 이르노니 천지가 없어지기 전에는 율법의 일점일획이라도 반드시 없어지지 아니하고 다 이루리라 (마 5:17, 18)

하나님 말씀은 한 구절, 한 점도 **뺄** 생각을 하지 말라고 하십니다. 일점일획도 변함이 없으니 손대지 말라고 하십니다. 이 정도에서 그치는 것이 아닙니다.

내가 너희에게 명하는 말을 너희는 가감하지 말고 내가 너희에게 명하는 너희 하나님 여호와의 명령을 지키라 (신 4:2)

가감하지 말고, 빼지도 말고, 보태지 말고, 그대로 지키라고 말씀하십니다.

내가 너희에게 명하는 이 모든 말을 너희는 지켜 행하고 그것에 가감하지 말지니라 (신 12:32)

말이 안 된다고 해서 빼거나 말이 부족하다고 해서 보태지 말라고 하십니다. 그렇다면 하나님 말씀에 가감하면 하나님은 어떻게 하신다고 했습니까?

> 내가 이 책의 예언의 말씀을 듣는 각인에게 증거하노니 만일 누구든지 이것들 외에 더하면 하나님이 이 책에 기록된 재앙들을 그에게 더하실 터이요 만일 누구든지 이 책의 예언의 말씀에서 제하여 버리면 하나님이 이 책에 기록된 생명나무와 및 거룩한 성에 참예함을 제하여 버리시리라(계 22:18, 19)

누구든지 하나님 말씀 외에 더하면 하나님께서 이 책에 기록된 재앙들을 더하실 것이고, 누구든지 이 책의 예언의 말씀을 제하면 생명나무와 거룩한 성에 참예하지 못한다고 말씀하십니다. 그러니 무슨 일이 있더라도 손을 대지 말라고 하십니다.

하나님의 말씀은 가감하면 안 됩니다. 그대로 둬야 됩니다. 일점일획도 손대면 안 됩니다. 그렇다면 우리는 옳은데 성경이 잘못된 것이 아니라 성경은 옳은데 우리가 잘못되었다는 것이 아닙니까? 때문에 나는 가만히 두고 성경을 바꾸려고 하지 말고 성경은 가만히 두고 나를 바꾸는 것이 바른 삶의 자세입니다.

우리들은 너무나 자주 형제들에게 화내고, 미련한 놈이라고 말하고, 미친놈이라고 욕하는 실수를 저지릅니다. 그런데 이러한 욕들이 그저 욕으로 끝나는 것이 아니라 그로 인하여 심판 받을 것이며, 그로 인하여 법정에 붙잡혀 갈 것이며, 그로 인하여 지옥 불에 들어간다니 도대체 어떻게 해야 합니까? 말씀이 조금도 잘못되지 않았다는 그 관점에서 본다면 우리들이 지금까지 너무나도 의식 없이 잘못 살아온 것은 아닙니까?

저 역시 너무나도 하기 힘든 설교가 바로 이것입니다. 어느 정도 비슷하게 살아놓고 설교해야 하는데 제 자신 역시 전혀 그렇게 살아오지 못해놓고 이 본문으로 설교하려니까 갈등이 이만저만이 아닙니다.

하지만 저의 개인적인 삶은 그러했을지라도 너무나도 중요한 말씀이기에 빨리 선포해야 함을 말씀을 묵상하는 가운데에서 깨달았습니다. 그럴지라도 반드시 전하고 말씀대로 은혜 받고 변화되어야 하겠기에 본문을 중심으로 '언어폭력' 에 대하여 말씀을 전하고자 합니다.

언어폭력은 무거운 죄

주님께서는 왜 언어폭력을 이처럼 중한 죄로 다루시면서 그 벌로 지옥까지 논하십니까? 그것은 이 언어폭력이 그 만큼 중요하기 때문입니다. 몸의 상처는 나으면 그만이지만 말로 인한 상처는 참으로 오래 가고 괴롭습니다. 이것이 언어폭력의 힘입니다.

오늘도 비행청소년들이 집을 나갈 수밖에 없도록 만든 결정적 이유가 무엇입니까? 언어폭력 때문입니다. 공부 안하고, 부모님의 말을 듣지 않은 것들은 잠재된 요인들이고 그 잠재된 것들에 불을 탁 붙여 준 것이 바로 언어폭력입니다. 이혼하는 부부들의 결정적 이혼사유 역시 언어폭력입니다. 물론 무능하고 돈을 못 벌고 잘못하는 행동들 때문에 이혼했다고 말할 수도 있습니다. 하지만 이 모든 것들은 내면적인 이유이고 결정적 동기는 언어폭력입니다. 부자관계, 혈육관계, 친구관계를 끊는 가장 결정적인 이유들 역시 언어폭력입니다.

사람은 누구나 실수합니다. 술을 마실 수도 있습니다. 노름을 할 수도 있습니다. 다툴 수도 있습니다. 누구라도 실수합니다. 사실 실수는 그래도 괜찮습니다. 다음부터 잘 하면 됩니다. 중요한 것은 실수한 후 뒤따르는 말입니다.

예를 들어 부부 관계라면 이렇게 말만 해도 어느 정도 실수한 것이 커버됩니다.

"여보 미안해. 내가 미쳤었나봐. 용서해줘. 내가 새사람 돼서 잘해 볼게."

그런데 많은 사람들이 실수한 다음에 언어폭력이 뒤따른다는 것이 문제입니다. '실수는 화약이고 언어폭력은 화약에 붙이는 불입니다.' 화약이 있을지라도 불만 붙이지 않으면 안 터지니까 그나마 괜찮습니다. 실수도 마찬가지입니다. 사람이다 보니 어쩔 수 없이 실수할 수 있습니다. 하지만 언어폭력만 쓰지 않으면 터지지는 않습니다.

미국 사람과 한국 사람들이 자녀 키우는 방법은 참으로 많이 다릅니다. 한국 사람은 세상문화 즉 이방문화(불교문화나 유교문화)

속에서 자랐고 미국 사람은 성경문화 속에서 자랐습니다.

미국은 성경을 기초로 세워진 나라이고 우리나라는 성경이 들어오기 훨씬 이전부터 사서삼경이나 불경 속에서 성장한 나라이기 때문입니다. 그래서 우리나라 사람들은 이렇게 교육합니다.

"子曰, 嚴父는 出孝子하고 嚴母는 出孝女니라.(엄부는 출효자하고 엄모는 출효녀니라.)"

하지만 미국 사람들은 다릅니다.

"God said(하나님이 말씀하시길)"

"Bible says(성경이 말씀하시길)"

어릴 때부터 이런 말들을 들으면서 자랐습니다.

미국의 부모님들은 자녀들이 잘못하면 끝까지 설득합니다. 예를 들어서 자녀들이 막 떠들면 이렇게 설득합니다.

"그러면 안 되지."

"조심해야지."

그렇게 설득하다 보니 아이들이 조용해질 때까지 굉장히 오랜 시간이 걸립니다. 하지만 우리는 이미 부모님의 마음에 성질이 가득해서 그 꼴을 두고 보지 못합니다. 그러니까 단번에 끝내 버립니다.

"가만히 있어!"

이러면 순식간에 상황은 정리됩니다. 그런데 중요한 것은 단순히 아이들을 조용히 시키기만 하면 되는 것이 아니라는 겁니다. 우리들은 아이들이 조용하면 다 된다고 생각합니다. 하지만 성경문화는 조용히 하도록 하되 보다 더 중요한 것은 아이들의 마음이나 부모의 마음이 모두 평안해야 한다는 것입니다. 그런데 우리는 무조건 과정이 어떠하든 목적만 이루고자 합니다. 그러다 보니 매번 과정이 이상합니다.

성경을 보십시오. 하나님은 우리를 협박해서 이루신 일이 단 한 가지도 없습니다. 우리가 가장 어렵게 생각하고 두려워하는 것이 무엇입니까? 십계명입니다. 십계명의 원문은 이렇습니다.

"너는 도적질하지 않을 것이니라."

이것이 하나님의 말씀입니다. 그런데 이렇게 말씀을 옮기면 우리에게 감이 오지 않습니다. 살포시 이야기해서는 되지 않으니까 강한 어조로 기록된 것입니다.

"도적질하지 마라!"

마치 소금에 절인 짠지만 먹어온 사람이 싱거운 음식을 먹으면 맛이 없는 것과 같습니다. 그러니까 말도 셉니다. 그것부터 고쳐야 합니다. 성경 어디에도 겁을 주라고 말씀하신 적이 없습니다. 자녀를 달래더라도 겁을 주지는 말라고 하십니다. 왜냐하면 자녀의 마음속에 두려움을 심어주지 말아야 하기 때문입니다. 아이들이 조용히 시키기만 하면 되는 것이 아니라 편안한 마음으로 조용히 하도록 해야 합니다.

언어폭력으로 받은 상처와 좌절과 기의 꺾임이 한 인생을 파멸로 이끌 수도 있음을 아십니까? 언어폭력이 얼마나 엄청난 것인지 주님은 지옥에 가는 죄라고까지 하셨습니다.

성경 66권 전체를 언어폭력이라는 안경을 쓰고 모두 훑어봤습니다. 그러다 아주 훌륭한 분 가운데 언어폭력을 하신 분을 발견했습니다. 바로 침례 요한입니다.

그 때에 침례(세례) 요한이 이르러 유대 광야에서 전파하여 가로 되 회개하라 천국이 가까웠느니라(마 3:1)

요한이 많은 바리새인과 사두개인이 침례(세례) 베푸는 데 오는 것을 보고 이르되 독사의 자식들아 누가 너희를 가르쳐 임박한 진노를 피하라 하더냐(마 3:7)

'독사의 자식들아' 이것이 언어폭력 아닙니까? 침례 요한도 설교할 때 언어폭력적인 단어를 썼습니다. 사실 예수님도 그런 적이 있습니다.

뱀들아 독사의 새끼들아 너희가 어떻게 지옥의 판결을 피하겠느냐(마 23:33)

그런데 요한이나 예수님이 이렇게 말씀하신 대상이 똑같습니다. 바로 바리새인들입니다.

화 있을진저 외식하는 서기관들과 바리새인들이여 너희는 천국 문을 사람들 앞에서 닫고 너희도 들어가지 않고 들어가려 하는 자도 들어가지 못하게 하는도다(마 23:13)

자기가 들어가지 않으려면 남이라도 들여보내야 되는데 천국 문을 닫아 놓고 남들도 들어가지 못하게 합니다. 그런 자들에게 독사의 자식들이라고 합니다.

> 화 있을진저 외식하는 서기관들과 바리새인들이여 너희는 교인
> 하나를 얻기 위하여 바다와 육지를 두루 다니다가 생기면 너희보
> 다 배나 더 지옥 자식이 되게 하는도다 (마 23:15)

바다고 육지고 헤매고 다니다가 전도를 했으면 천국 가게 만들어야 되는데 저보다 배나 더 지옥 자식이 되게 만들었습니다. 그런 자들을 향하여 주님은 독사의 자식들이라고 말씀하셨습니다.

즉 사람들의 영혼을 구원하지 못하고 지옥으로 끌고 들어가는 종교 지도자들에게는 주님께서도 언어폭력을 사용하셨습니다.

구약의 선지자 중에도 언어폭력을 자주 쓰는 분들이 많습니다. 아모스, 미가 같은 선지자들을 보면 엄청나게 말이 강했습니다. 이런 분들을 통하여 깨달은 바가 있습니다.

첫째, 결국 그들이 언어폭력을 듣고 제대로 회개하지 않았다는 사실입니다. 폭력적인 말을 들은 바리새인이나 사두개인이 회개했습니까? 회개하지 않았습니다. 폭력적인 언어를 사용한 설교를 듣고 그들은 회개하지 않았습니다. 이것은 마치 병이 너무 중해서 극약을 썼는데 결국 죽어버린 것과 같습니다. 폭력적인 언어의 설교가 그들을 회개 시키지 못했습니다.

둘째, 예수님이나 침례 요한이나 구약의 선지자들이나 결국 자신들이 죽더라는 겁니다. 옳고 그름의 문제를 떠나서 언어 폭력적 설교를 했던 사람들은 죽습니다. 오해하지 말고 들으십시오. 주님이나 요한이나 선지자들이 언어폭력을 사용해서 잘못했다는 것은 아닙니다. 그들은 하나님의 뜻 가운데 사명을 다하신 분들입니다. 하지만 옳고 그름의 문제가 아니라 결국 죽더라는 공통점이 있습니다.

셋째, 사람을 변화시키는 것은 역시 사랑과 용서밖에 없더라는 겁니다. 간음하다 현장에 잡힌 여인을 대하는 주님의 모습이 어떠했습니까? 사랑과 용서였습니다.

> 예수께서 가라사대 나도 너를 정죄하지 아니하노니 가서 다시는
> 죄를 범치 말라 하시니라(요 8:11)

성경의 기록은 여기에서 끝이 납니다. 하지만 아마도 이후에 그 여인은 회개하고 거룩하게 살다 죽었을 것이 분명합니다. 사랑과 용서로 따뜻한 자비로운 손길을 베풀 때 그 여인은 변화 되었습니다.

탕자도 마찬가지입니다. 우리 같으면 얼마나 할 말이 많습니까?

"네가 나갈 때 내가 뭐라고 그랬냐?"

"그 많은 돈을 어디에다 썼냐?"

"무슨 염치로 들어오느냐?"

막 퍼부을 것입니다. 하지만 아버지는 단 한마디도 따지지 않았

습니다. 그저 씻겨주고 입혀주고 신겨주셨습니다. 이 이야기 역시 여기에서 말씀이 끝납니다. 하지만 그렇게 사랑과 용서함을 받은 탕자는 훌륭한 아들로 자랐을 것이 분명합니다.

모른다고 세 번이나 부인했던 베드로를 향해 예수님이 할 말이 얼마나 많았겠습니까?

"네가 어떻게 내게 그럴 수가 있느냐?"

할 말이 많았겠지만 주님께서는 한마디도 그런 말은 하지 않으시고 대신 이렇게 물으십니다.

"나를 사랑하니?"

사랑 받고 용서 받은 사람들은 변화되었습니다. 그렇다면 여러분의 모든 관계-부자관계, 부부관계, 친구관계, 사제관계, 교우관계 등-에도 적용해 보십시오. 언어폭력으로 사람을 변화하게 할 수 없으니 언어폭력 대신에 사랑과 용서와 격려로 변화시켜보자는 것입니다.

어떤 목사님이 미국으로 이민을 갔습니다. 지금이야 이민 가는 것이 많이 쉬워졌다고 하지만 그 때만 하더라도 괜찮은 사람들이 더 나은 삶을 추구하기 위해서 간 곳이 미국입니다. 자녀 공부 때문에 이민을 갔는데 이 녀석이 공부를 하지 않습니다.

아버지가 얼마나 화가 나는지 쉬지 않고 잔소리를 했습니다. 그러니까 아이 역시 아버지가 뭐라고 하기만 하면 '아버지 도서관 가요.' 하고 집 밖으로 나갑니다. 그나마 도서관에라도 가면 마음 놓고 자든지 놀든지 할 수 있기 때문에 도서관이 피난처입니다.

하루는 이 아버지가 생각을 합니다. 그리고는 야단을 치거나 혼내서 될 일이 아님을 깨달았습니다.

'그래 나도 힘들고 너도 힘들다. 이제는 아들을 이해하고 불쌍하게 생각해 보자.'

그리고는 입술의 언어부터 바꾸기로 결정합니다.

아들을 부릅니다. 아들은 아버지가 공부하라고 할 줄 알고 미리 도서관에 가겠다고 합니다. 그런 아들을 붙잡아 앉혀놓고 아버지가 이야기합니다.

"아들아, 아빠는 너를 사랑해. 그 말을 해주려고."

"알았어요."

아버지의 입장에서도 하지 않던 짓을 하려니까 참으로 어색해서 닭살이 돋을 지경입니다. 도무지 마음에 들지 않는 놈을 사랑한다고 하려니까 혀가 안 돌아갑니다. 그래도 꾹 참고 이야기합니다.

"아들아, 사랑한다."

입만 열면 공부하라던 아버지가 이제는 자꾸만 아들에게 사랑한다고 합니다. 도서관에 가지 않아도 된다고 하니까 아들의 마음에 자유가 생겼습니다. 그런데 막상 집에 가만히 있으려니 혼날 일도 없고 너무 심심합니다.

'에이, 심심한 김에 공부나 하자.'

그렇게 공부하기 시작했습니다. 그런데 그 아이가 미국 전체 학생들이 보는 시험에서 상위 등수에 들어갔다는 것을 아십니까?

물론 공부 잘하는 것도 중요합니다. 하지만 그보다 더 중요한 것은 자녀들의 마음속에 편안함과 따뜻함이 있어야 된다는 겁니다.

부부관계도 마찬가지입니다.

많은 사람들이 언어폭력이 얼마나 엄청난 것인지 모르고 살아갑니다. 주님께서 언어폭력이 지옥 불에 들어갈 일이라고 말씀하셨지만 그래도 여전히 많은 사람들은 말로 인한 상처를 주기도 하고 받기도 합니다. 오죽하면 건드리기만 해도 눈물이 나올 정도로 그렇게 상처를 주기도 하고 받기도 했습니다.

말씀을 묵상하는 가운데 그 동안 저의 언어폭력으로 인하여 상처를 받은 많은 분들에게 참으로 죄송한 마음이 들었습니다. 그렇다고 해서 앞으로 그런 일이 절대로 없을 것이라고는 장담할 수 없습니다. 하지만 변화되어가는 과정 속에서 노력하기로 굳게 다짐했습니다.

많은 사람들은 결과만 좋으면 되는 줄 압니다. 자식이 말만 잘 들으면 되는 줄 알고, 공부만 잘하면 되는 줄 압니다. 그렇게 무조건 목적 달성형 스타일로 살아갑니다. 그러는 과정에서 정말 쓰면 안 될 언어폭력을 얼마나 많이 쓰는지 모릅니다. 공부만 잘한다고 해서 되는 게 아닙니다. 기쁨으로 공부를 잘하는 것이 중요합니다. 아내 역시 살림만 잘하면 되는 게 아닙니다. 즐거움으로 살림을 잘해야 됩니다.

언어폭력이 중요한 이유

첫 번째로 언어폭력은 그 자체가 어느 폭력보다 파괴력이 강합니다. 몸의 상처는 아물면 그만입니다. 흉터가 남기는 하지만 더이상 아프거나 고통스럽지는 않습니다. 하지만 말로 입은 상처는 얼마나 오래 가는지 모릅니다.

특히 남자가 여자에게 쓴 언어폭력은 아주 오래 갑니다. 변화되고 고치는 것이 중요하지 화풀이하는 게 중요한 건 아니지 않습니까? 사랑의 언어를 쓰십시오. 조금 힘들고 더딜지라도 사랑의 언어를 쓰십시오.

지금까지 자식에게 얼마나 많은 상처의 말을 했습니까? 아버지 같은 남자 만날까봐 시집가지 않으려는 딸들, 엄마 같은 여자 안 만나려고 결혼하지 않는 아들들이 얼마나 많은지 아십니까? 자식에게 빨리 결혼하고 싶은 마음을 주는 부모가 되십시오. 어떤 폭력보다 더 파괴력이 강한 것이 언어폭력입니다.

두 번째로 언어폭력은 마음의 표현이기 때문에 중요합니다.

> 또 간음치 말라 하였다는 것을 너희가 들었으나 나는 너희에게 이르노니 여자를 보고 음욕을 품는 자마다 마음에 이미 간음하였느니라(마 5:27, 28)

여자를 보고 음욕을 품으면 간음한 것이듯 사람에게 하는 폭언 역시 행동으로 옮기지 않았다 뿐이지 이미 똑같은 폭력입니다.

> 독사의 자식들아 너희는 악하니 어떻게 선한 말을 할 수 있느냐

이는 마음에 가득한 것을 입으로 말함이라 선한 사람은 그 쌓은 선에서 선한 것을 내고 악한 사람은 그 쌓은 악에서 악한 것을 내느니라(마 12:34, 35)

언어폭력 자체도 문제이지만 그보다 더 큰 문제는 그 말을 하는 자의 속사람입니다. 왜 그렇습니까? 악에서 악이 나오기 때문입니다. 좋은 말을 쓰는 것도 중요하지만 더 중요한 것은 그 속사람이 좋다는 것입니다. 내 마음의 표현이기 때문에 말이 중요합니다. 속이 좋기 때문에 좋은 말을 쓰는 것입니다. 아무쪼록 속이 편안해서 좋은 말을 쓰기를 바랍니다.

세 번째로 언어로 심판을 받기 때문에 중요합니다.

선한 사람은 그 쌓은 선에서 선한 것을 내고 악한 사람은 그 쌓은 악에서 악한 것을 내느니라 내가 너희에게 이르노니 사람이 무슨 무익한 말을 하든지 심판 날에 이에 대하여 심문을 받으리니 네 말로 의롭다 함을 받고 네 말로 정죄함을 받으리라(35-37절)

내가 의로워지는 것, 내가 정죄 받는 것은 모두 말의 결과입니다. 왜 친절이 중요합니까? 본인의 마음이 편안치 않으면 친절하지 못하기 때문입니다. 내 마음이 뒤집어졌는데 어떻게 친절합니까? 내가 친절하다는 것은 내 속이 편안하다는 겁니다. 그러니까 친절이 귀중합니다. 두 번째로 편안한 마음에서 남을 편안케 하기에 친절이 귀중합니다. 세 번째로 친절한 사람은 잘 될 수밖에 없기 때문에 친절이 귀중합니다.

네 번째 말한 대로 되기 때문에 언어폭력이 중요합니다.

> 그들에게 이르기를 여호와의 말씀에 나의 삶을 가리켜 맹세하노
> 라 너희 말이 내 귀에 들린 대로 내가 너희에게 행하리니
> (민 14:28)

죽겠다고 하면 죽여주고, 살겠다고 하면 살려주겠다고 말씀하십니다. 흥한다고 하면 흥하게 하고 망한다고 하면 망하게 해주겠다는 겁니다. 네 말이 내 귀에 들리는 대로 해주겠다고 하십니다.

> 또 그 집에 들어가면서 평안하기를 빌라 그 집이 이에 합당하면
> 너희 빈 평안이 거기 임할 것이요 만일 합당치 아니하면 그 평안
> 이 너희에게 돌아올 것이니라 (마 10:12, 13)

> 너를 축복하는 자에게는 내가 복을 내리고 너를 저주하는 자에게
> 는 내가 저주하리니 땅의 모든 족속이 너를 인하여 복을 얻을 것
> 이니라 하신지라 (창 12:3)

> 내 사랑하는 형제들아 너희가 알거니와 사람마다 듣기는 속히 하
> 고 말하기는 더디 하며 성내기도 더디 하라 (약 1:19)

우리가 다 실수가 많으니 만일 말에 실수가 없는 자면 곧 온전한
사람이라(약 3:2)

마지막으로 말 한마디가 얼마나 중요한가를 깨닫게 하는 시를
소개합니다. 이를 통하여 좋은 말을 하면서 살아가기를 결단하시
기 바랍니다.

말 한마디
부주의한 말 한 마디가 싸움의 불씨가 되고,
잔인한 말 한 마디가 삶을 파괴합니다.

쓰디쓴 말 한 마디가 증오의 씨를 뿌리고,
무례한 말 한 마디가 사랑의 불을 끕니다.

은혜스런 말 한 마디가 길을 평탄케 하고,
즐거운 말 한 마디가 하루를 빛나게 합니다.

때에 맞는 말 한 마디가 긴장을 풀어 주고,
사랑에 맞는 말 한 마디가 축복을 줍니다.

회개

여호와의 말씀이 두 번째 요나에게 임하니라 이르시되 일어나 저 큰 성읍 니느웨로 가서
내가 네게 명한 바를 그들에게 선포하라 하신지라 요나가 여호와의 말씀대로 일어나서
니느웨로 가니라 니느웨는 극히 큰 성읍이므로 삼일 길이라 요나가 그 성에 들어가며 곧
하룻길을 행하며 외쳐 가로되 사십 일이 지나면 니느웨가 무너지리라 하였더니 니느웨
백성이 하나님을 믿고 금식을 선포하고 무론 대소하고 굵은 베를 입은지라(욘 3:1-5)

죄악을 반드시 벌하시는 하나님

요나서뿐만 아니라 성경 전체에 흐르는 아주 중요한 중심 사상
이 있습니다.

'하나님은 죄악을 반드시 형벌하신다.'

이것은 세상역사, 가정역사, 개인역사에도 마찬가지입니다. 뭐
든 100%라고 말할 수는 없겠지만 하여튼 망하는 것은 죄악의 결
과입니다.

우리는 죄에 대하여 부정적입니다. 그래서 '죄'라고 하면 굉장히 나쁜 것이라 여기고 싫어합니다. 하지만 기분 나쁘지 않은 달콤한 죄를 얼마나 많이 범하면서 살아가는지 아십니까?

무리한 확장 때문에 망하는 기업이 있다면 그것은 욕심의 죄의 결과입니다.

"그게 무슨 죄입니까?"

이렇게 반문할 수도 있겠지만 무리하는 것 자체가 죄입니다. 즉 자야 할 때 자지 않고, 쉬어야 될 때 쉬지 않고, 몸이 요구하는 소리에 민감하지 못하고 무리하다가 병을 얻었다면 그것 역시 무리한 죄, 몸이 들려주는 자연스런 소리를 듣지 않고 거스르고 살아온 죄의 결과입니다.

"목사님, 그렇다면 의인 욥은 무슨 죄 때문에 망했습니까?"

욥은 망한 인생이 아닙니다. 욥의 인생을 끊어서 생각하지 마십시오. 욥이 얼마나 큰 축복을 받았는데 망했다고 합니까? 성경 속에서 욥은 축복 받은 사람입니다. 물론 과정에 있어 어려움은 있었습니다. 그래서 의인이 당하는 고난도 있는 것입니다. 굳이 욥의 죄를 찾자면 '항상 깨어 있지 못한 죄'를 들 수 있습니다.

근신하라 깨어라 너희 대적 마귀가 우는 사자같이 두루 다니며 삼킬 자를 찾나니 (벧전 5:8)

욥은 사단이 밀 까부르듯 할 때에 깨어 있지 못한 죄를 지었다고 생각합니다. 베드로가 깨어 있지 못하다가 사단의 시험에 빠져 세 번씩이나 예수님을 모른다고 부인했던 것처럼, 욥의 삶에 두려움이 찾아올 때, 사단이 그의 삶을 계속해서 공격할 때 만일 그가 깨어서 기도함으로 물리쳤더라면 그런 시험은 겪지 않아도 되었을 것이라고 생각해 봅니다. 굳이 찾자면 그렇다는 겁니다.

두려움에는 형벌이 있다고 그랬습니다. 그런데 욥의 마음에는 두려움이 있었습니다. 이처럼 사단이 우리의 삶 가운데 역사할 때, 우리의 마음에는 두려움이 찾아옵니다.

> 나의 두려워하는 그것이 내게 임하고 나의 무서워하는 그것이 내
> 몸에 미쳤구나(욥 3:25)

욥의 마음 속에는 두려움이 있었습니다.

> 사랑 안에 두려움이 없고 온전한 사랑이 두려움을 내어쫓나니 두
> 려움에는 형벌이 있음이라 두려워하는 자는 사랑 안에서 온전히
> 이루지 못하였느니라(요일 4:18)

두려움에는 형벌이 있다고 말씀하십니다. 즉 두려움을 해결하지 못한 죄, 두려움을 물리치지 못한 것도 죄라고 할 수 있습니다.

무슨 죄든지 회개하면 산다

무슨 죄가 되었든지 회개하면 산다는 것이 성경 전반에 흐르는 정신입니다. 요나서의 메시지는 죄를 지으면 망한다는 것이 아니고 회개하면 산다는 것입니다. 같은 사물을 보더라도, 같은 말씀을 듣더라도 받아들이는 각도에 따라서 사람들은 참으로 다르게 반응합니다. 똑같은 말을 들어도 다르게 받아들이는 것을 보면 얼마나 신기한지 모릅니다.

이쪽에서 이 말하고 저쪽에서 저 말을 했다면 그럴 수도 있을 것입니다. 그런데 같은 장소에서 같은 시간에 동일하게 한 말인데 어쩌면 그렇게 다르게 듣고 다르게 반응하는지 신기합니다. 이렇듯 받아들이는 사람의 마음과 자세가 참 중요합니다.

교회에서 만나기 전 세상에서 먼저 만난 한 분이 있습니다. 저보다 나이가 연장자라서 제가 형님같이 모십니다. 그런데 이분이 조금 괴짜입니다. 우리 교회를 다니기 전, 이분은 저만 만나면 이렇게 말합니다.

"장 목사, 내가 지난 번에 우리 목사님에게 모르는 거 물어봤더니 목사님도 잘 모르시더라고. 아주 내가 골탕 먹였어."

목사님 골탕 먹이는 것을 굉장히 기뻐하는 특이 체질입니다. 나만 보면 목사님 골탕 먹인 얘기를 하며 굉장히 즐거워합니다. 이 형님의 부인은 믿음이 있고 열심이었습니다. 남편의 눈에 부인은 교회에 미쳤고, 돈만 잔뜩 갖다 주는 것으로 보입니다. 이놈의 여편네가 돈 벌어다 주면 전부 교회에 갖다 준다고 합니다. 하지만 객관적으로 봤을 때에 부인의 헌금은 그 형님 술값의 절반도 되지 않습니다. 이것이 개념 차이입니다.

　사람은 속만 차리면 일단 삽니다. 물론 속 차리기 어려운 사람도 있습니다. 하지만 일반적으로는 속만 차리면 삽니다. 지금까지 쓴 술값만 모아도 고생하지 않고 살 수 있는 사람이 어디 한두 명입니까? 통계에 의하면 10년 동안 담배를 피우지 않으면 조그마한 아파트 한 채는 산다고 합니다. 그러니까 10년 동안 담배 피운 사람은 아파트 한 채를 연기로 날린 것입니다.

　오늘부터 담배 피울 때 그냥 피우지 말고 '휴, 아파트 탄다.' 이렇게 생각해 보십시오. 10년 동안 아파트 한 채 태운 것이 별 것이 아니라 하더라도 이보다 더 중요한 것은 담배로 인해 무너진 건강입니다. 건강을 복구하려면 아파트 10채 팔아도 안 된다는 겁니다.

　어떤 분이 사업에 실수가 있어 한 순간에 돈을 날려버렸습니다. 자신을 망하게 한 그 사람을 칼로 죽이고 복수하겠다고 승합차를 한 대 사서 전국 방방곡곡을 누비며 다닙니다. 그 사람이 부산에 있다고 하면 부산에 가고 서울에 있다고 하면 서울로 갑니다.

　어떻게 그 남자분의 부인과 만나게 되었습니다. 그 부인은 어떻게든 신랑을 좀 구원해 달라고 합니다. 그래서 예배를 드리고 이렇게 권면했습니다.

　"쓸 데 없는 짓 하지 말고 40일 동안 새벽마다 감사하고 기도하면서 매달려 보세요."

　그 때 그분의 마음에 만감이 교차하더랍니다.

'내가 지금 재산 다 날리고 죽게 생겼는데 목사라는 사람이 라면 이나 한 박스 사놓고 갈 일이지 무슨 쓸 데 없는 말을 한다냐?

돈도 없이 어떻게 감사를 하란 말이지?'

섭섭하기가 그지없다가 다시 생각을 바꾸었다고 합니다.

'아니야, 설마 목사님이 나한테 허튼 소리 하겠냐? 돈이 없어 감사헌금은 못하지만 그 사람 잡으려고 산 봉고차가 있으니까 교회 차량 봉사나 해야 겠다.'

그리고는 새벽마다 그 차로 교인들을 교회로 데리고 왔습니다. 그렇게 하다가 은혜를 받았습니다.

나중에 들리는 소리에 의하면 자기가 그렇게 복수하려고 했던 그 남자는 자살해서 죽었다고 합니다. 생각해보십시오. 가만히 나 둬도 죽을 사람을 뭣 하러 죽여서 살인자가 됩니까? 정말 계획대로 그 사람을 죽였다면 지금쯤 차디찬 형무소에 들어앉아 있지 않 겠습니까?

이처럼 생각 하나, 마음 하나가 인생을 망치기도 하고 살리기도 합니다. 흥하게도 하고 망하게도 합니다. 때문에 우리는 무엇보다 먼저 은혜를 받아야 됩니다. 은혜 받기로 결정하고 은혜 받는 데 모든 관심을 집중해야 합니다.

어쨌든 모든 재산을 날렸으니 갈 데가 없습니다. 돈도 없습니다. 길 옆 움막 같은 집에서 살림을 시작했습니다. 그 집에 가서 예배를 드리면서 소원이 뭐냐고 물었더니 번듯한 내 집 하나 갖는 것, 번듯한 가게 하나 차리는 것이라고 합니다. 그래서 간절히 축복 기도를 했습니다. 그런데 놀라운 하나님의 역사가 일어났습니다. 이모든 것이 3년 안에 모두 해결된 것입니다.

이것이 전환점입니다. 사는 쪽으로 생각과 말을 받아들이는가, 망하는 쪽으로 생각과 말을 받아들이는가? 사는 쪽으로 결정하는가, 죽는 쪽으로 결정하는가? 이것이 이처럼 중요합니다. 베드로는 예수님을 모른다고 세 번이나 부인했지만 사는 쪽으로 결정했고 회개한 후 위대한 사도가 되었습니다. 그런 반면 가룟 유다는 은 30에 예수님을 팔고 목매달아 죽고 말지 않습니까? 이처럼 마음의 결정이 인생과 삶과 운명을 결정합니다.

왜 은혜를 받아야 됩니까?

은혜의 결단을 내리기 위해서라도 은혜는 받아야 됩니다. 은혜 받는 사람은 삶도 은혜요, 내리는 결정도 은혜입니다. 반면 시험에 든 사람은 삶도 시험이고 내리는 결정도 시험입니다.

생각 하나로 죽을 수도 있고 살 수도 있습니다. 흥할 수도 있고 망할 수도 있습니다. 어떤 사물을 바라보더라도, 무슨 말을 듣더라도 살아날 수 있는 사물로 보이고 살아날 수 있는 말로 들리기를 바랍니다.

끝까지 참고 이루시는 하나님

사랑의 하나님은 끝까지 참고 이루어내십니다. 하나님은 죄악 때문에 심판할 수밖에 없는 니느웨에 요나 선지자를 보내서 회개 하기를 원하셨습니다. 그런데 요나 선지자는 니느웨로 가지 않고 다시스로 도망을 갑니다.

인간이 불순종하고 거역할지라도 하나님은 한번 정하신 당신의 뜻을 절대로 돌이키지 않으십니다. 불순종한 자에게 고통과 피해가 있을 뿐입니다. 하나님은 반드시 하나님의 뜻을 이루십니다.

요나의 이름 뜻은 비둘기입니다. 비둘기는 평화롭습니다. 그래서 성령이 비둘기같이 임한다고 하는 것입니다. 또 비둘기는 소식을 전해주는 전령사이기도 합니다. 아마도 요나가 복음을 들고 구원의 소식을 전하는 전령사인지라 비둘기라는 뜻의 이름을 지어준 것이 아닌가 싶습니다.

니느웨는 앗수르의 도시이고, 앗수르는 이스라엘을 괴롭히는 강대국 가운데 하나입니다. 그런 니느웨를 하나님께서 심판하시겠다고 하셨으니 요나는 속으로 '이게 웬 떡인가' 했을지도 모릅니다. 이때 하나님의 뜻과 요나의 생각에 충돌이 일어난 것입니다.

하나님은 반드시 니느웨를 회개시켜 그들을 살려야겠다고 생각하셨고, 요나는 다시스로 피해 도망가면 하나님이 니느웨를 멸하실 것이니 얼마나 좋겠는가 생각했습니다. 그러니 죽는 한이 있더라도 니느웨로는 가지 않겠노라 결심했습니다.

참으로 대단한 사람 아닙니까? 대단한 사람의 간단한 특징이 있습니다. 그게 뭔지 아십니까? 자기가 하는 일에 생명을 건다는 겁니다. 대단한 사람은 자기가 하는 일에 생명을 겁니다.

소질이 있느니 없느니, 타고났느니 못 타고났느니, 환경이 좋으니 나쁘니 하면서 쓸데없는 소리 하지 마십시오. 이 모든 것들은 사치스런 변명에 불과합니다. 아버지가 부자이더라도 그 아들은 가난할 수도, 부자일 수도 있습니다. 반대로 아버지가 가난할지라도 그 아들은 부자일 수도, 가난할 수도 있습니다. 즉 자기 하기 나름입니다.

고 정주영 씨의 손자들은 부자 할아버지를 만나서 부자로 살고 있지만 정작 고 정주영 씨의 할아버지는 가난했습니다. 그런데 왜 환경 탓만 합니까? 무엇을 하든 생명 걸고 하십시오. 도대체 어디에 생명을 걸려고 하십니까? 생명이란 그냥 그대로 두어도 시간이 지나면 죽는 것입니다. 타오르는 촛불처럼 그냥 두어도 죽습니다.

그냥 놔두어도 죽을 생명을 제대로 되는 일에 걸어보는 것이 멋있지 않습니까? 생명을 걸어보십시오. 됩니다. 해낼 수 있습니다. 노력만 해도 안 되는 일이 없다는데 생명을 거는데 왜 안 되겠습니까? 무슨 일이든지 해내는 사람들은 하나같이 열정이 있습니다.

요나 역시 대단한 열정의 사람이었습니다. 일단 그렇게 열정적으로 도망갔는데 자기가 탄 배가 심한 풍랑을 만난 것입니다. 결국 그 풍랑의 원인이 요나 자신임이 드러나고 말았습니다. 그 때 요나가 뭐라고 말합니까? 자신을 바다에 던지라고 합니다. 무슨 말입니까? 죽어버리겠다는 겁니다. 요나가 하나님 앞에서 끝까지 버티고 있습니다.

바다에 던져진 자가 무슨 수로 살 수 있습니까? 구명보트가 있는 것도 아니고 헬기가 떠서 살려줄 수 있는 시대도 아닙니다. 그런데 하나님이 붙드시니 죽는 것도 마음대로 되지 못합니다.

지금은 작고하셨지만 한국의 큰 별이었던 이천석 목사님의 간증을 들어보면 그분도 자살하려고 시도했지만 마음대로 안 되었다고 합니다. 하나님은 오히려 자살하려던 그를 붙들어서 시대의 큰 별로 사용하셨습니다. 맹인이셨던 안요한 목사님 역시 중도실명자입니다. 보이던 것들이 보이지 않으니 너무나도 괴롭더랍니다. 얼마나 괴로운지 목을 매달고 자살하려고 벽에 못을 박았습니다. 그런데 죽으려고 하는 그 순간 못이 빠졌답니다.

죽는 것도 마음대로 되지 않습니다. 그런데 왜 생명을 죽는 데에 쓰려고 합니까? 사는 데 쓰십시오. 요나는 물고기 뱃속에 들어가서 회개합니다. 이것이 회개의 순서입니다. 사람들을 회개시키기 전에 자신이 먼저 회개해야 합니다.

설교를 해도 회개의 역사가 일어나지 않습니까? 내가 먼저 회개하지 않았기 때문입니다. 내가 회개해야 남도 회개합니다. 변화의 역사가 일어나지 않습니까? 내가 먼저 변화되지 못했기 때문입니다. 성도들은 말에 변화되는 것이 아니라 변화된 모습에 변화됩니다. 품 안에 있는 자식이 속 썩이는 것 역시 자식의 잘못보다는 부모의 잘못이 더 큽니다. 꼭 맞는 말은 아니지만 그렇다고 해서 꼭 틀린 말도 아닙니다. 거반 맞습니다. 자식이 속 썩인다면 본인부터 돌아보십시오.

어떤 교회의 집회에 갔을 때입니다. 그 교회 목사님이 내게 간절히 부탁합니다.

"장 목사, 나를 살려주게. 자식 놈 때문에 내가 못 살겠네."

"왜요?"

들어보니 그렇게 속을 썩인다고 합니다. 그런데 이 목사님의 어머니가 예전에 이렇게 말했다고 합니다.

"너 같은 자식 하나만 낳아봐라. 내 심정 알 거다."

그 예언이 정확하게 맞아 떨어진 것입니다.

여러분이 자식에게 쓰는 말을 보십시오. 예전에 아버지나 어머니에게 많이 듣던 말은 아닙니까? 쓰는 용어, 어투까지 똑 같습니다. 내가 변화되어야 자식도 변화되고 환경도 변화됩니다.

회개한 요나에게 두 번째 하나님의 말씀이 임합니다.

여호와의 말씀이 두 번째 요나에게 임하니라 (3:1)

목회하면서, 또 수많은 성도들을 보면서 깨달은 것 가운데 하나가 하나님의 뜻대로 빨리빨리 순종하는 것이 지혜라는 겁니다. 요나가 불순종함으로 얼마나 큰 피해를 보았습니까? 우선 시간적인 손해를 보았습니다. 하나님께서 처음 말씀하셨을 때 순종했더라면 얼마나 시간을 벌었겠습니까?

시간보다 귀한 것도 없습니다. 어차피 주의 일을 해야 할 소명을 받았습니까? 그렇다면 일찌감치 순종하십시오. 버티고 버티다 순종하지 말고 처음부터 기쁨으로 헌신하십시오. 항상 젊은 시절은 아닙니다.

제 아무리 날고 기어도 세월 앞에 장사 없음이 살면 살수록 뼈저

리게 느껴집니다. 항상 젊은 것이 아닙니다. 항상 청춘이 아닙니다. 세월 헛되게 허비하지 말고 아껴서 주 위해 바로 살기를 바랍니다. 오늘의 몸상태가 작년 이맘 때와 같지 않다는 것이 느껴지지 않습니까? 얼마 전까지만 하더라도 식사양이 많든 적은 조금도 상관없었는데 이제는 몇 숟가락만 더 먹어도 속이 더부룩하지 않습니까?

옛날에는 아무리 피곤해도 한숨 자고 일어나면 바로 회복이 되었는데 지금은 아무리 자고 일어나도 피곤이 가시지 않지는 않습니까? 전에는 계단도 세 개, 네 개 팍팍 뛰어 올랐는데 지금은 한 계단씩 다니지 않습니까? 전에는 마른 오징어건 마른 누룽지건 맷돌 돌리듯 씹어 먹었는데 지금은 어림도 없습니다. 항상 젊은 것이 아닙니다.

빨리 순종하지 않으면 건강의 손해가 있습니다. 요나가 바다에 던져진 후 큰 물고기가 요나를 삼킵니다. 큰 물고기의 뱃속에서 3일 동안 금식하던 요나의 입장을 생각해 보십시오. 일단 큰 물고기 입장에서는 먹을 것이 들어왔으니까 위장이 움직입니다. 게다가 쓸개에서는 쓰디쓴 것들을 뿜어냅니다. 이 일들이 3일 동안 계속되었다고 생각해보십시오. 집에서 3일 금식하는 것도 힘들다지만 요나 앞에서는 명함도 내밀지 못할 소리입니다. 오죽하면 예수님도 요나가 3일 동안 음부에 갔다 왔다고 하셨겠습니까?

빨리 순종하지 않으면 물질의 손해가 있습니다. 요나 선지자야 별로 가진 것도 없었다지만 요나와 동행했던 사람들을 생각해보십시오. 선장은 물론이고 그 배에 탔던 사람들은 요나 한 사람 때문에 짐을 바다에 던져야만 했습니다. 그렇게 풍랑 때문에 평생 빚 갚다 죽었을지도 모를 일입니다. 나 한 사람이 주변 사람들에게 두루두루 유익이 되어야지 나 하나 때문에 주변 사람들이 모두 어려워서야 되겠습니까?

요나가 하나님의 말씀에 바로 순종했다면 이런 어려움은 처음부터 없었을 것입니다. 물론 이런 엄청난 피해가 있었음에도 불구하고 그나마 좋은 것은 괜찮은 간증 하나 생겼다는 것입니다. 쓸데없는 상상력을 한 번 발휘해서 이런 그림을 그려보았습니다.

우리가 천국에 가면 무엇을 하면서 지낼까? 물론 하나님께 영광 돌리겠지만 간혹 '예수님배쟁탈 천국간증대회' 이런 프로그램이 하나 정도는 있지 않을까 싶습니다. 그때 요나는 물고기 뱃속에 들어간 것을 가지고 출전할 것입니다.

"다음 출전하실 분은 요나 선지자 되겠습니다."

"제가 바로 요나입니다. 하나님 명령을 거역하고 니느웨로 가야 하는데 다시스로 갔던 바로 그 요나입니다. 다시스로 가는 길에 엄청난 풍랑을 만났고…저는 어마어마하게 큰 물고기 뱃속에서 삼일 동안 있었는데 정말 말도 마십시오."

요나는 3일 동안 물고기 뱃속에 들어갔다 나왔다는 간증을 할 것입니다. 결국 요나의 회개와 순종으로 니느웨의 금식 성회는 시작됩니다. 니느웨가 얼마나 큰 성인지 3일 길이고, 인구만 해도 12만 명이라고 했습니다. 지금도 12만 명이라고 하면 작은 도시가 아닌데 그 당시에는 얼마나 크게 느껴졌겠습니까?

본래 3일 하기로 되었던 부흥회를 하루만에 마칩니다. 그나마 그것도 하기 싫은 것 억지로 합니다. 그런 요나를 보면서 도무지 이해가 되지 않습니다. 대충 전하는 말씀에 은혜 받는 사람이 있는가 하면 강단에서 확실하게 말씀이 선포되어도 은혜 받지 못하는 사람은 무엇입니까? 좋은 설교라고 반드시 은혜 받는 것도 아니고 대충 전하는 말씀도 각 사람에 따라서는 엄청난 은혜가 될 수 있음을 발견했습니다.

예수님은 언제나 동일하신 분입니다. 그런데 어떤 곳에서는 크고 놀라운 능력을 제한 없이 행하셨지만 다른 곳에서는 별로 능력을 행하지 않으셨습니다. 그 이유에 대하여 성경은 뭐라고 말씀하십니까?

> 저희의 믿지 않음을 인하여 거기서 많은 능력을 행치 아니하시니라(마 13:58)

저들이 믿지 않기 때문이라고 말씀하십니다. 주님도 믿어야 능력을 행하십니다.

> 루스드라에 발을 쓰지 못하는 한 사람이 있어 앉았는데 나면서 앉은뱅이 되어 걸어 본 적이 없는 자라 바울의 말하는 것을 듣거늘 바울이 주목하여 구원받을 만한 믿음이 그에게 있는 것을 보고 큰

소리로 가로되 네 발로 바로 일어서라 하니 그 사람이 뛰어 걷는
지라(행 14:8-10)

물론 안수하는 사람의 능력이 절대적으로 중요합니다. 그래서
저 역시 하나님께서 주시는 능력을 받으려고 얼마나 몸부림치는지
모릅니다. 그렇지만 그 못지 않게 중요한 것은 안수 받는 사람의
믿음입니다.

예수님은 한번도 "내가 예수다. 그러니까 능력 많은 내가 나의
능력으로 모두 고쳐줄게." 이렇게 말씀하신 적이 없습니다.

"내가 무엇 하여 주기를 원하느냐?"

"내가 능히 할 줄로 믿나이다."

"네 믿음대로 될지어다."

된다고 믿으면 되는 것이고 안 된다고 믿으면 안 되는 것입니다.
그러니 선택은 본인의 몫입니다.

집회 마지막 날은 항상 안수기도를 합니다. 그런데 어떤 사람은
안수를 받고 병이 낫는가 하면 어떤 사람은 낫지 않습니다. 이상하
지 않습니까? 똑같은 사람이 안수하는데 왜 어떤 사람은 낫고 어
떤 사람은 낫지 않습니까?

또 어떤 교회의 집회에서는 많은 환자들이 낫는데 어떤 교회의
집회에서는 도무지 치유의 역사가 일어나지 않습니다. 이런 일들
을 보면서 전하는 자, 안수하는 자만의 문제가 아니라 받아들이는
사람에게도 책임이 있음을 깨달았습니다.

소돔과 고모라는 받아들이지 않으니까 천사를 보내도 소용이 없었고, 니느웨 사람들은 받아들이니까 3일 해야 할 것을 하루만 전해도 구원을 받았습니다.

안수란 라이터의 돌처럼 불을 반짝 빛나게 해주는 것입니다. 그때 안수 받는 자의 심령이 휘발유나 신나 같으면 불이 확 붙습니다. 그런데 석유 같은 심령이라면 족히 3일은 걸립니다. 경유 같은 심령이라면 아예 종이에 불을 붙여주어야 됩니다. 경유 같은 심령일지라도 그나마 불은 붙습니다. 그런데 물 같은 심령은 오히려 불이 꺼져버립니다.

어떤 환자는 안수 받으면 '아멘, 주여, 믿습니다' 하고 낫습니다. 그런데 어떤 사람은 '능력 있으면 고쳐봐요.' 이런 태도입니다. 이런 사람들이 밖에 나가면 뭐라고 하는지 아십니까?

"장 목사 능력 있다더니 그것도 아니더구먼. 나도 안수 받아 봤는데 골치만 더 아프더라고."

왜 그렇게 말하고 다니는지 모르겠습니다.

"목사님이 기도해 주셨는데 낫지 않는 것을 보니 아무래도 내 믿음이 부족한 가봐."

"다 은혜를 받는데 은혜가 안 되는 것을 보면 내 심령이 병든 것 같아."

같은 현상을 놓고 왜 이렇게 말하지 못합니까? 나에게서도 원인을 찾아보십시오.

회개의 방법

요나가 외치는 내용은 간단합니다. 회개하라는 겁니다. 회개하지 않으면 망한다는 겁니다. 왜 이렇게 경고합니까? 경고는 협박하고 죽이겠다는 데 뜻이 있는 것이 아니라 살려내자는 데 그 뜻이 있습니다. 요나가 외쳤을 때 니느웨 백성들이 어떻게 회개했습니까?

첫째로, 하나님을 믿었습니다. 무엇보다 하나님을 믿어야 합니다. 이 때 믿는다는 말은 하나님을 의지한다는 뜻입니다. 하나님을 경외한다는 뜻입니다.

> 여호와께서 사단에게 이르시되 네가 내 종 욥을 유의하여 보았느
> 냐 그와 같이 순전하고 정직하여 하나님을 경외하며 악에서 떠난
> 자가 세상에 없느니라(욥 1:8)

욥은 하나님을 경외했습니다. 하나님을 두려워했습니다. 하나님을 두려워하는 자가 어찌 하나님의 말씀에 불순종하며 죄를 짓겠습니까? 하나님을 의지하는 자가 어찌 자기 마음대로 타락된 생활을 하겠습니까? 자기를 의지하지 말고 하나님을 두려워하십시오. 하나님을 믿고 의지하십시오. 죄 지은 자를 형벌하시는 하나님을 두려워하십시오.

불신앙이 무엇입니까? 하나님을 우습게 알고 두려워하지 않는 것입니다. 물론 하나님의 말씀에 불순종하는 죄는 하나님을 믿지

않고, 하나님을 두려워하지 않고, 하나님을 사랑하지 않기 때문에 짓게 됩니다.

나의 계명을 가지고 지키는 자라야 나를 사랑하는 자니 나를 사랑하는 자는 내 아버지께 사랑을 받을 것이요 나도 그를 사랑하여 그에게 나를 나타내리라 (요 14:21)

예수께서 대답하여 가라사대 사람이 나를 사랑하면 내 말을 지키리니 내 아버지께서 저를 사랑하실 것이요 우리가 저에게 와서 거처를 저와 함께하리라 (요 14:23)

우리가 회개해야 될 첫 번째 근본적인 문제는 내가 지금 누구를 의지하는가, 내가 지금 무엇을 의지하고 믿으며 사느냐 하는 것입니다. 이 문제부터 해결되어야 합니다. 돈을 의지하며 삽니까? 남편과 자식을 의지하며 삽니까? 나 자신을 의지하며 삽니까? 과연 그런 것들이 믿고 의지해야 할 대상이 됩니까? 하나님을 믿는 믿음으로 돌아오십시오. 이것이 회개입니다.

둘째로, 회개는 금식을 선포합니다. 물론 밥을 먹으면서 회개할 수도 있습니다. 하지만 때때로 금식이 필요합니다. 그냥 담배를 끊을 수도 있습니다. 하지만 그렇게 해서 됩니까? 그러니까 3일 동안 금식하면서 끊는 겁니다. 사실 금식이 쉬운 것은 아니지만 물만 마시고 3일 동안 금식하면 건강에도 좋다고 합니다.

샤워만 해서 벗겨질 때도 있지만 때로는 때수건으로 박박 밀어야 벗겨지는 때도 있지 않습니까? 여러분의 죄의 때가 물로만 됩니까? 제가 볼 때는 그렇지 않습니다. 금식하지 않아도 될 정도로 의롭고 깨끗합니까? 금식하며 회개하십시오. 니느웨의 죄악은 단순히 회개해서 될 상황이 아니었습니다.

사무엘 시대에도 금식하며 회개했기에 이스라엘이 살았고 에스더의 시대에도 금식하며 회개했기에 이스라엘이 살았습니다.

셋째로, "무론 대소하고 굵은 베를 입은지라."

임금님까지 굵은 베를 입었습니다. 사실 회개는 '지도자까지'가 아니고 '지도자부터' 시작되어야 합니다. 회개는 '높은 데까지'가 아니라 '높은 데서부터' 시작되어야 합니다. 회개는 '있는 자까지'가 아니라 '있는 자부터' 시작되어야 합니다. 이것이 참으로 중요합니다.

이 나라 이 땅을 보십시오. 어디 하나 부패하지 않은 곳이 없습니다. 하지만 비관하지는 않습니다. 왜냐하면 금식하면서 매달려 기도하는 성도들이 있기 때문입니다. 너무나도 감사한 것은 나라의 형편은 이렇게 어려워지는데 구세군 자선냄비에 걷혀진 성금은 오히려 늘었다고 합니다. 사실 구세군 자선냄비에 성금을 낸다고 해서 신문에 이름이 나는 것도 아닙니다. 그런데 100만원씩 현찰로 내는 사람도 많다고 합니다. 이 기사를 보면서 이것이 우리나라의 소망임을 알았습니다.

회개하는 국민, 선행하는 국민이야말로 이 나라, 이 땅의 소망입니다. 나 하나, 우리 교회에서 시작한 회개 운동으로 이 나라가 살 수 있다면 얼마나 아름답고 보람 있는 일입니까? 개인에 대한 자긍심, 교회에 대한 자긍심, 나라에 대한 자긍심이 필요한 때입니다. 나를 살리고, 내 가정을 살리고, 우리 교회를 살리고, 이 민족을 살리는 귀한 일에 동참하지 않으시겠습니까?

심 언 행

못된 열매 맺는 좋은 나무가 없고 또 좋은 열매 맺는 못된 나무가 없느니라 나무는 각각 그 열매로 아나니 가시나무에서 무화과를, 또는 찔레에서 포도를 따지 못하느니라 선한 사람은 마음의 쌓은 선에서 선을 내고 악한 자는 그 쌓은 악에서 악을 내나니 이는 마음의 가득한 것을 입으로 말함이니라(눅 6:43-45)

인간은 보이지 않는 영혼과 보이는 육체로 구성되었습니다. 육신은 흙으로부터 왔기에 70~80년 살다가 죽어 다시 흙으로 돌아가지만 인간의 영혼은 하나님께로부터 왔기 때문에 다시 하나님이 계신 하늘나라로 돌아가야 됩니다.

그런데 인간들이 너무나도 세상적이고 육신적이기에 육신만 중요한 줄 알고 육신을 위해서 살아가고 있는데 하나님은 그러한 인간들에게 경고하십니다.

몸은 죽여도 영혼은 능히 죽이지 못하는 자들을 두려워하지 말고
오직 몸과 영혼을 능히 지옥에 멸하시는 자를 두려워하라
(마 10:28)

말씀을 통하여 사람에게는 영혼과 육신이 있음을 깨닫게 하셨습니다.

살리는 것은 영이니 육은 무익하니라 내가 너희에게 이른 말이 영
이요 생명이라(요 6:63)

육신의 무익함과 영혼의 귀중함을 잘 말씀해주고 있습니다.

인간에게 있어 영혼이 원인이라면 육신은 결과입니다. 즉 인간에게는 마음이 있는가 하면 그 마음을 나타내는 행실이 있다는 것입니다. 표면이 있으면 내면이 있고, 원인이 있으면 결과가 있고, 심는 것이 있고 거두는 것이 있듯, 원인은 마음에서 나타나고 결과는 육신에서 나타납니다. 원인이 나쁘면 결과가 좋을 수 없듯 마음이 나쁘면 말이 나쁘고, 말이 나쁘면 행동이 나쁩니다. 반대로 마음이 좋으면 말이 좋고 말이 좋으면 행동도 좋습니다.

물론 인간은 외식할 수 있는 유일한 존재입니다. 그래서 때때로 마음과 말과 행동이 다를 수 있습니다. 또한 인간은 연약한 존재이기에 마음은 있어도 말과 행동으로 옮기지 못할 때도 종종 있습니다. 그러나 대부분의 행동은 마음의 표현입니다.

> 못된 열매 맺는 좋은 나무가 없고 또 좋은 열매 맺는 못된 나무가
>
> 없느니라(43절)

나무가 좋으면 반드시 열매가 좋고, 나무가 나쁘면 반드시 열매도 나쁩니다. 바꾸어 말하자면 나무를 보면 열매를 알 수가 있고 열매를 보면 나무를 알 수 있습니다.

> 나무는 각각 그 열매로 아나니 가시나무에서 무화과를, 또는 찔레
>
> 에서 포도를 따지 못하느니라(44절)

나무는 그가 맺고 있는 열매를 통하여 알게 됩니다. 그러니까 결국 나무를 보면 열매를 알 수 있고 열매를 보면 나무를 알 수 있습니다. 그런데 중요한 사실은 열매를 보고 아는 것이 제대로 아는 것이라는 말입니다. 무슨 뜻입니까? 마음을 보면 말을 알 수 있고 말을 들어보면 행동을 알 수 있는데 사실은 행동을 봐야 마음을 제대로 알 수 있다는 것입니다.

말은 그럴 듯하게 해놓고 영 딴판으로 행동하는 사람들이 얼마나 많습니까? 사실 다른 사람의 마음을 보면서 실망할 때도 있고 말을 들으면서 실망할 때도 있지만 가장 많이 실망하는 것은 행동으로 인한 것입니다.

반대로 마음을 보면서 기뻐하기도 하고 말을 들으면서 기뻐하기도 하지만 행동을 보고 기뻐하는 일이 가장 큽니다.

선한 사람은 마음의 쌓은 선에서 선을 내고 악한 자는 그 쌓은 악
에서 악을 내나니 이는 마음의 가득한 것을 입으로 말함이니라
(45절)

한 사람의 행동은 결국 마음에 가득 찬 것들의 표현입니다.
같은 맥락의 말씀이 있습니다.

독사의 자식들아 너희는 악하니 어떻게 선한 말을 할 수 있느냐
이는 마음에 가득한 것을 입으로 말함이라 선한 사람은 그 쌓은
선에서 선한 것을 내고 악한 사람은 그 쌓은 악에서 악한 것을 내
느니라 내가 너희에게 이르노니 사람이 무슨 무익한 말을 하든지
심판 날에 이에 대하여 심문을 받으리니 네 말로 의롭다 함을 받
고 네 말로 정죄함을 받으리라 (마 12:34-37)

마음 지킴

말씀의 제목이 마음 심(心), 말씀 언(言), 행할 행(行) 즉 '심언행'
입니다. 마음은 보이지 않는 부분이고, 말은 들을 수 있는 부분이
며, 행동은 눈으로 볼 수 있는 부분입니다. 자세히 살펴보면 보이
지 않는 부분은 마음이고 보고 들을 수 있는 나타나는 부분이 언행
인데 이 셋 가운데에서 가장 중요한 것은 언행이 아니라 마음입니
다. 그래서 무엇보다 먼저 마음을 지키면서 살아가야 합니다. 마음
을 지키면서 살아가려면 무엇보다 은혜를 받아야 합니다.

> 입에서 나오는 것들은 마음에서 나오나니 이것이야말로 사람을
> 더럽게 하느니라 (마 15:18)

입에서 나오는 것들은 마음에서 나오는데 그것들이 사람을 더럽게 한다는 말씀입니다.

> 무릇 지킬 만한 것보다 더욱 네 마음을 지키라 생명의 근원이 이
> 에서 남이니라 (잠 4:23)

깨끗하고 더러운 것은 말의 문제도 아니고 행동의 문제도 아니고 마음의 문제입니다. 죽고 사는 것 역시 말의 문제도 아니고 행동의 문제도 아니고 마음의 문제입니다.

자살이 말로 하는 것 같아도 그렇지 않습니다. 자살이 행동으로 하는 것 같아도 그렇지 않습니다. 말과 행동 그 훨씬 이전에 그 사람의 마음에서부터 시작되었습니다. 그래서 마음이 죽으면 몸도 죽은 것입니다. 자살하는 사람은 마음이 먼저 죽었기 때문에 몸이 죽은 것입니다.

배신도 마찬가지입니다. 가룟 유다는 말로 은 삼십에 예수님을 판 것이 아닙니다. 행동으로 판 것이 아닙니다. 그보다 훨씬 이전에 이미 마음으로 팔았습니다.

> 그때에 열둘 중에 하나인 가룟 유다라 하는 자가 대제사장들에게

가서 말하되 내가 예수를 너희에게 넘겨주리니 얼마나 주려느냐 하니 그들이 은 삼십을 달아 주거늘(마 26:14)

돈을 받았습니다.

저물 때에 예수께서 열두 제자와 함께 앉으셨더니 저희가 먹을 때에 이르시되 내가 진실로 너희에게 이르노니 너희 중에 한 사람이 나를 팔리라(20절)

예수님께서 너희 중에 나를 팔 한 사람이라고 지목하신 그가 누구입니까? 유다입니다. 유다는 이미 돈까지 받은 상태입니다. 제자들이 근심하면서 자기가 예수님을 팔 자냐고 묻습니다.

저희가 심히 근심하여 각각 여짜오되 주여 내니이까

그 때 주님이 이렇게 대답하십니다.

대답하여 가라사대 나와 함께 그릇에 손을 넣는 그가 나를 팔리라

그릇에 함께 손을 넣은 사람이 누구입니까? 이미 돈을 받은 가룟 유다입니다.

인자는 자기에게 대하여 기록된 대로 가거니와 인자를 파는 그 사람에게는 화가 있으리로다 그 사람은 차라리 나지 아니하였더면 제게 좋을 뻔하였느니라

그런데 이 때 유다가 참으로 놀라운 행동을 합니다. "예수를 파는 유다가 대답하여 가로되 랍비여 내니이까" 이 말씀은 영어로 번역된 성경을 보아야 그 뜻이 보다 명확해집니다.

"Surely not I, Rabbi?(진실로 나는 아니죠?)"

주님이 뭐라고 말씀하십니까?

"네가 말하였도다"

저는 이 말씀을 묵상하면서 저와 주님의 멀고 먼 인격의 거리를 깨달았습니다. 만일 제가 예수님의 입장이었다면 아마도 이랬을 것 같습니다.

"너다, 이 자식아! 이 싸가지 없는 놈아!"

이것이 주님과 나의 엄청난 차이입니다. 가룟 유다가 가만히 있기만 했어도 그나마 나을 것 같습니다. 아니, 돈만 받지 않았더라도 그런대로 억지로 이해하겠습니다. 돈까지 다 받고 이미 그 마음속에 예수님을 넘겨줄 기회를 찾는 자가 어떻게 이렇게 말할 수 있습니까? 예수님께서 세 번씩이나 사인을 주시는데도 "Surely not I"라고 하다니 얼마나 나쁜 놈입니까?

그런데 그러한 가룟 유다를 탓할 자격이 우리에게는 없습니다. 그렇다면 우리는 좋은 사람입니까? 우리는 가룟 유다보다 더 나은

사람입니까? 어차피 우리들은 주님의 그 큰 사랑으로 구원 받았습니다. 주님의 끝없는 사랑으로 구원 받았습니다. 가룟 유다보다 하나라도 더 나은 점이 있어서 구원 받은 것이 아닙니다.

유다가 행동하고 말하기 훨씬 이전에 사단이 가룟 유다의 마음에 예수를 팔려는 생각을 넣었습니다.

> 마귀가 벌써 시몬의 아들 가룟 유다의 마음에 예수를 팔려는 생각
> 을 넣었더니(요 13:2)

이처럼 행동보다 앞서는 것이 말이고, 말보다 훨씬 앞선 것이 마음입니다.

사도행전 5장을 보면 아나니아와 삽비라 부부의 이야기가 나옵니다. 모든 사람들이 은혜를 받은 후 있는 것을 팔아서 하나님 앞에 내려놓고 같이 생활하기로 합니다. 이 때 아나니아와 삽비라도 땅을 팔아서 주님 앞에 드리겠다고 작정합니다.

그런데 그 과정 가운데, 그들이 행동으로 땅을 판 돈을 감추기 훨씬 그 전에 이 부부의 마음 속에는 뭔가 문제가 생겼습니다. 이미 사단이 벌써 마음에 역사한 것입니다.

베드로가 묻습니다.

> 베드로가 가로되 아나니아야 어찌하여 사단이 네 마음에 가득하
> 여 네가 성령을 속이고 땅값 얼마를 감추었느냐 땅이 그대로 있을

때에는 네 땅이 아니며 판 후에도 네 임의로 할 수가 없더냐 어찌
하여 이 일을 네 마음에 두었느냐 사람에게 거짓말 한 것이 아니
요 하나님께로다(행 5:3, 4)

감추는 행동 훨씬 이전에 그들의 마음이 벌써 사단의 생각에 사
로잡혔습니다. 여기에서 아주 중요한 것을 깨닫고 넘어가야 합니
다. 마음과 말과 행동의 상관관계에서 대부분의 사람들은 행동하
는 곳에서 죄의 시점을 정합니다. 그래서 마음은 먹었을지라도, 말
은 했을지라도 행동하지 않으면 죄를 지은 것이 아니라고 생각합
니다. 그러나 이것은 율법에 의한 것이고 세상의 눈으로 본 관점입
니다. 세상에서는 마음에 품고 말까지 했을지라도 행동만 하지 않
으면 죄를 지은 것이 아닙니다.

'내가 저 놈을 죽여버릴까?'

아무리 이렇게 생각했을지라도 죄가 아닙니다.

"내가 언젠가 너를 죽일 것이니까 그렇게 알아!"

아무리 이렇게 말했을지라도 죽이는 행동을 실천하지 않으면 살
인자라고 하지 않습니다. 이것이 세상의 법입니다. 하지만 성경은
다르게 말씀하고 있습니다.

또 간음치 말라 하였다는 것을 너희가 들었으나 나는 너희에게 이
르노니 여자를 보고 음욕을 품는 자마다 마음에 이미 간음하였느
니라(마 5:27, 28)

세상은 행동만 하지 않으면 죄가 아니라고 하지만 성경의 법, 은혜의 법은 행동하지 않았을지라도 마음에서 이미 생각을 하면 벌써 죄를 지은 것이라고 말씀하십니다.

이를테면 세상은 성질이 나서 화가 머리끝까지 치밀었을지라도 참으면 죄를 짓지 않았다고 합니다. 하지만 성경은 성질이 많이 난 상태 그 자체가 벌써 죄라고 말씀하십니다. 그러니까 회개는 행동이 아니라 마음에서부터 시작되어야 합니다. 이미 행동한 것을 가지고 회개하는 것이 아니라, 이미 해놓은 말을 놓고 회개하는 것이 아니라, 마음먹은 것부터 회개가 시작되어야 합니다.

그 자리가 바로 회개가 시작되어야 하는 시점입니다. 행동하지 않았어도, 말하지 않았어도 마음먹은 그 시점에서부터 회개하십시오. 온전한 회개의 타이밍, 회개의 시점은 말도 아니고 행동도 아니고 마음입니다.

> 또 눈은 눈으로, 이는 이로 갚으라 하였다는 것을 너희가 들었으나 나는 너희에게 이르노니 악한 자를 대적지 말라 누구든지 네 오른편 뺨을 치거든 왼편도 돌려 대며 (마 5:38)
>
> 또 네 이웃을 사랑하고 네 원수를 미워하라 하였다는 것을 너희가 들었으나 나는 너희에게 이르노니 너희 원수를 사랑하며 너희를 핍박하는 자를 위하여 기도하라

그 형제를 미워하는 자마다 살인하는 자니 살인하는 자마다 영생

이 그 속에 거하지 아니하는 것을 너희가 아는 바라 (요일 3:15)

세상이나 율법으로 볼 때에는 아무리 누군가를 미워해도 죽이지만 않으면 살인은 아닙니다. 하지만 성경은 미워하는 그 순간부터 이미 그를 죽인 것이라고 합니다. 그러니까 살인하지 않으면 그만인 것이 아니라 미워하지도 말아야 한다고 말씀하십니다. 행동을 터치하기 전에 먼저 마음을 터치하라고 하십니다. 말로 지은 죄나 행동으로 범한 죄보다 더 중요한 것이 마음으로 짓기 시작한 죄라고 말씀하십니다. 마찬가지로 말이나 행동이 의로운 것보다 훨씬 중요한 것이 마음이 의로운 것이라고 말씀하십니다.

그러므로 마음이 변해야 합니다. 마음이 회개해야 합니다. 그래야 말과 삶이 변할 수 있습니다. 마음의 변화 없이 행동만 변하는 것을 성경은 무엇이라고 말씀하시는지 아십니까? 콕 집어 '외식'이라고 합니다.

대저 표면적 유대인이 유대인이 아니요 표면적 육신의 할례가 할

례가 아니라 오직 이면적 유대인이 유대인이며 할례는 마음에 할

지니 신령에 있고 의문에 있지 아니한 것이라 그 칭찬이 사람에게

서가 아니요 다만 하나님에게서니라 (롬 2:28, 29)

할례는 몸에 하는 것이 아니라 마음에 하는 것입니다. 마음에 할

례를 받듯 은혜 역시 육체가 아니라 마음으로 받아야 합니다. 그래서 은혜 받은 마음은 한없이 기쁩니다.

'은혜'를 뜻하는 헬라어 원어와 '기쁨'을 뜻하는 헬라어 원어가 같음을 아십니까? 즉 은혜 받으면 기쁨이 생기고 기쁨이 있으면 은혜를 받은 것이라는 겁니다. 마음에 받은 은혜가 얼굴로 나타나기 때문에 은혜를 받은 사람의 얼굴은 기쁩니다. 또 그런 사람들을 보면 사업도 잘 되고 친구도 많습니다.

그런데 어떤 사람은 하루 종일 인상이 좋지 않습니다. 인류의 고민은 혼자 짊어진 것처럼 살아갑니다. 얼굴만 보더라도 은혜 받은 사람인지 근심에 눌려 있는 사람인지 대번 표시가 나지 않습니까?

이처럼 인상이 중요합니다. 그런데 심상이 바뀌면 인상은 저절로 바뀝니다. 은혜 받으면 대번에 표정부터 달라집니다. 큰 일을 하는 사람은 인상부터 좋습니다. 은혜 받으면 죄 사함에서 나오는 기쁨이 있습니다. 은혜 받은 자의 마음은 건강합니다. 매일 아파서 빌빌대는 사람을 보면 대부분 마음의 병이 깊습니다. 그런데 더 추적해보면 마음이 병들기 이전에 영혼이 병들었습니다.

> 사랑하는 자여 네 영혼이 잘됨같이 네가 범사에 잘되고 강건하기
> 를 내가 간구하노라 (요삼 1:2)

얼마나 기막힌 말씀인지 모릅니다. 은혜 받은 자의 마음에는 건강이 넘칩니다. 이것이 하나님이 죄 사함을 통하여 주시는 신유의

건강입니다.

은혜 받은 자의 마음 속에는 저주로부터 속량의 축복이 있습니다. 부유하신 예수 그리스도가 스스로 가난케 되심은 가난한 우리로 하여금 축복을 받도록 하기 위함입니다. 은혜 받은 자의 마음 속에는 이러한 십자가의 사랑을 통한 감사가 있습니다.

은혜 받은 자의 마음 속에는 사랑이 넘쳐납니다. 은혜 받은 자의 마음 속에는 주님과 깊은 사랑의 교제, 즉 기도가 있습니다. 언제 어디서 무엇을 하든지 기도하고 싶습니다. 은혜 받은 결정적 증거는 기도가 잘 되는 겁니다. 은혜 받은 사람은 얼굴이 환합니다.

반대로 시험이 들면 안색부터 바뀝니다. 시험 든 사람의 마음 속에는 원망과 불평이 가득합니다.

어차피 세상에는 감사도 있고 원망도 있습니다. 아무리 좋은 곳일지라도 분명 나쁜 점이 있습니다. 아무리 맛있고 좋은 음식일지라도 일단 입으로 들어가면 하루가 채 지나기 전에 똥이 되어 몸 밖으로 나옵니다. 입에서 항문은 60센티도 되지 않는다고 합니다. 그런데 입으로 들어가는 것은 깨끗하고 항문으로 나오는 것은 더럽지 않습니까? 60센티미터는 고사하고 20센티미터만 들어갔다가 다시 입 밖으로 구토를 해도 얼마나 더러운지 도저히 보지 못할 지경입니다. 내 몸 하나에도 좋은 것과 나쁜 것이 있거늘 하물며 교회 속에, 사회 속에, 나라 속에 어떻게 좋은 것만 있겠습니까? 그것을 바라보는 우리의 눈, 우리의 시각이 문제인 것입니다.

감사의 눈을 열고 보면 좋은 것이 보이고 시험의 눈을 열고 보면 나쁜 것만 보입니다. 아무리 좋은 음식도 뱉어놓으면 더러운 것이 되고 아무리 좋은 단체도 뱉어놓는 눈으로 보면 더러운 것이 되는 겁니다. 그러니 밑으로 내려보지 말고 위를 향하여 보십시오. 위를 보면 깨끗한데 내려보면 똥 아닙니까? 눈을 들어 위를 보십시다.

어떤 사람은 감사기도만 드려도 시간이 모자랍니다.

"하나님, 오늘도 이 좋은 날씨 속에 이 많은 성도들을 불러주심을 감사합니다. 그렇게 인도하신 주님을 찬양합니다. 높여 드립니다."

그런데 어떤 사람은 항상 빈자리만 놓고 기도합니다. 하지만 생각해 보십시오. 교회의 빈자리는 항상 있기 마련입니다. 일단 기도하러 나온 그 사람이 강단으로 올라왔으니 기도자가 앉던 자리가 비었을 것이고, 혹 자리가 비좁을 정도로 성도가 많으면 증축하든 건축하든 하기 때문에 교회의 빈 자리는 항상 있기 마련입니다. 그런데 왜 그것은 모르고 매일 빈 자리만 놓고 기도합니까? 우리의 눈과 우리의 마음이 문제입니다.

마음이 부정적이니까 눈에 보이는 것도 부정적입니다. 마음에 시험이 드니까 불평과 불만이 나오는 것입니다. 은혜를 받아 보십시오. 그저 감사한 것뿐입니다. 그런데 시험 든 사람들은 서로 미워하고 물어뜯습니다.

다른 사람들은 은혜 받고 기도하는데 정작 본인은 기도가 되지 않습니까? 회개부터 터져야 기도가 됩니다. 기도가 안 된다는 것은 아직 회개가 터지지 않았다는 뜻입니다.

기도가 안 되는 것이 얼마나 큰 잘못인지 아십니까? 기도만 터졌으면 가룟 유다도 살았을 것입니다. 베드로가 예수님을 세 번이나 부인하고도 살 수 있었던 것은 기도가 터졌기 때문입니다. 반면 가룟 유다가 목 매달고 죽은 것은 기도가 막혔기 때문입니다.

니느웨 백성도 회개기도가 터져서 살았습니다. 하지만 소돔 고모라 백성들은 회개기도가 터지지 않았기 때문에 죽었습니다. 그러니 기도가 얼마나 중요합니까? 기도가 안 된다는 것이 얼마나 커다란 잘못입니까? 시험 든 마음에서는 기도가 되지 않습니다. 여러분의 마음에 은혜가 임하시기를 바랍니다. 은혜 받을 수 있는 마음으로 지켜나가십시오.

말 지킴

두 번째로 말을 지키며 살아야 됩니다.

> 내가 너희에게 이르노니 사람이 무슨 무익한 말을 하든지 심판 날
> 에 이에 대하여 심문을 받으리니 네 말로 의롭다 함을 받고 네 말
> 로 정죄함을 받으리라 (마 12:36)

심판의 조건도 말이고, 의로움이나 정죄 당함의 조건도 말입니다. 이처럼 말이 중요합니다. 민수기 13장을 보면 모세가 이스라엘 백성을 이끌고 가나안 땅으로 나아갑니다. 이 때 하나님의 지시에 따라 12지파에서 한 족장씩 12명을 뽑아서 40일 동안 가나안 땅을

정탐하게 합니다. 같은 시간에 같은 장소를 보고 돌아온 그들의 보고 내용이 얼마나 다릅니까? 10명은 이렇게 보고합니다.

"당신이 우리를 보낸 땅에 가보니 과연 젖과 꿀이 흐릅니다. 이것이 그 땅의 실과입니다. 그런데 그 땅에 사는 거민들은 강하고 성읍은 견고합니다. 우리들은 도저히 그들을 칠 수 없습니다. 그들 앞에서 우리는 스스로 보기에도 메뚜기 같습니다."

엄청나게 쏟아놓은 악평을 들은 백성들이 동요하기 시작합니다. 이처럼 악은 그 파급속도가 엄청나게 빠릅니다.

그런데 여호수아와 갈렙은 정 반대로 보고합니다.

"그들의 말이 맞습니다. 하지만 하나님께서 우리와 함께 하시기 때문에 우리들은 하나님이 기뻐하시는 그 땅으로 인도함을 받을 것입니다. 저들은 우리들의 밥입니다."

한 무리는 자기들을 일컬어 스스로 메뚜기라 하고 또 다른 사람들은 오히려 그들이 우리의 밥이라고 합니다. 똑같은 것을 보고 왔는데 어떻게 이렇게 다를 수 있습니까?

신발 파는 공장에서 물건 팔 곳을 개척하기 위하여 아프리카에 두 명의 답사 대원을 보냈다고 합니다. 이 두 사람에게 아프리카에 신발을 팔 수 있겠는지 살펴보고 오라고 했습니다. 이 두 답사 대원이 비행기에서 내려보니 신발을 신은 사람이 단 한 명도 없습니다.

한 사람은 이렇게 보고서를 씁니다.

"틀렸습니다. 아프리카에 신발 파는 것은 포기해야 합니다. 신발을 신고 다니는 사람이 한 명도 없습니다."

그런데 다른 사람은 이렇게 보고서를 씁니다.

"아프리카만큼 좋은 시장도 없습니다. 신발 신은 사람이 하나도 없습니다. 저들은 100퍼센트 우리의 고객입니다."

똑같은 것을 보고 왔는데 왜 이렇게 다릅니까?

하나님은 이렇게 처방하십니다

> 그들에게 이르기를 여호와의 말씀에 나의 삶을 가리켜 맹세하노
> 라 너희 말이 내 귀에 들린 대로 내가 너희에게 행하리니
>
> (민 14:28)

하나님은 우리들이 말한 그대로, 하나님의 귀에 들리는 그대로 행하십니다. 창세기를 보면 그 결정적 증거를 발견할 수 있습니다. 아브라함이 하나님으로부터 시험을 받습니다.

"네 아들 독자 이삭을 제물로 드려라."

믿음의 조상 아브라함은 '아멘' 하고 순종한 후 이삭을 데리고 3일 길을 걷습니다. 이삭에게는 장작을 지라고 하고 불을 들고 산에 오릅니다. 아버지를 따라가는 이삭이 보기에 아무래도 궁금합니다. 불도 있고 장작도 있는데 정작 제물이 없습니다. 이삭이 아버지에게 묻습니다.

"아버지, 번제에 쓸 나무도 있고 불도 있는데 제물이 없습니다."

이 때 아브라함과 보통 사람의 다른 점을 발견하게 됩니다. 대부분 이런 상황이라면 '네가 제물이야' 이렇게 말할 것 같습니다. 그

런데 아브라함은 뭐라고 대답합니까?

> 아브라함이 가로되 아들아 번제할 어린 양은 하나님이 자기를 위
> 하여 친히 준비하시리라(창 22:8)

사실 뭘 알고서 한 소리가 아닙니다. 그냥 해본 소리입니다. 당시만 하더라도 제물은 오로지 이삭뿐이었습니다. 그런데 하나님이 산에서 준비하신다고 말합니다.

'0퍼센트' 가능성을 말하고 있습니다. 그런데 중요한 것은 하나님께서는 아브라함이 말한 그대로, 하나님의 귀에 들리신 그대로 해주시더라는 겁니다. 이처럼 하나님 귀에 어떤 말이 들리는가 하는 것이 참으로 중요합니다.

말이 곧 그 사람입니다. 하나님은 말한 그대로 행하십니다. 하나님의 능력을 믿으십시오. 하나님의 약속을 믿으십시오. 그리고 믿음의 소리, 긍정적인 말을 하십시오. 정말 말대로 이루어져도 좋겠다는 말만 하면서 살아가십시오.

> 네가 만일 네 입으로 예수를 주로 시인하며 또 하나님께서 그를
> 죽은 자 가운데서 살리신 것을 네 마음에 믿으면 구원을 얻으리니
> 사람이 마음으로 믿어 의에 이르고 입으로 시인하여 구원에 이르
> 느니라(롬 10:9, 10)

입으로 시인하여 구원을 받는다고 말씀하고 있지 않습니까? 결국 구원도 말로 되는 것입니다.

행동 지킴

세 번째로 행동을 지키면서 살아야 합니다. 이것이 열매의 삶입니다. 마음이 인생의 유아기나 소년기라면, 말은 인생의 청년기이고, 행동은 인생의 장년기나 노년기입니다. 그러니 마음이 아무리 좋고 말이 아무리 훌륭해도 삶이 잘못되었다면 마음과 말은 위선에 불과합니다. 이에 대하여 야고보서는 이렇게 말씀하십니다.

> 영혼 없는 몸이 죽은 것같이 행함이 없는 믿음은 죽은 것이니라
> (약 2:26)

나무도 열매를 보아 알 수 있듯 인생은 행함으로 압니다.

> 하나님께서 각 사람에게 그 행한 대로 보응하시되(롬 2:6)

행한 대로 갚아 주신다는 말씀은 성경 전반적으로 흐르는 중심 사상입니다.

> 하나님 앞에서는 율법을 듣는 자가 의인이 아니요 오직 율법을 행하는 자라야 의롭다 하심을 얻으리니(롬 2:13)

믿음으로 의로워집니다. 이 때 믿음이란 그냥 무작정 믿는 것이 아니라 행함이 수반되는 믿음입니다.

> 네가 네 하나님 여호와의 말씀을 삼가 듣고 내가 오늘날 네게 명하는 그 모든 명령을 지켜 행하면(신 28:1)

여호와의 말씀을 듣고 그 명령을 지키는 것은 인간이 해야 할 일입니다. 듣고 행하면 그 다음에 하나님께서 하실 일이 있습니다.

> 성읍에서도 복을 받고 들에서도 복을 받을 것이며 네 몸의 소생과 네 토지의 소산과 네 짐승의 새끼와 우양의 새끼가 복을 받을 것이며 네 광주리와 떡반죽 그릇이 복을 받을 것이며 네가 들어와도 복을 받고 나가도 복을 받을 것이니라 네 대적들이 일어나 너를 치려하면 여호와께서 그들을 네 앞에서 패하게 하시리니 그들이 한 길로 너를 치러 들어왔으나 네 앞에서 일곱 길로 도망하리라 여호와께서 명하사 네 창고와 네 손으로 하는 모든 일에 복을 내리시고 네 하나님 여호와께서 네게 주시는 땅에서 네게 복을 주실 것이며 네가 네 하나님 여호와의 명령을 지켜 그 길로 행하면 여호와께서 네게 맹세하신 대로 너를 세워 자기의 성민이 되게 하시리니 너를 여호와의 이름으로 일컬음을 세계 만민이 보고 너를 두려워하리라 여호와께서 네게 주리라고 네 열조에게 맹세하신 땅에서 네게 복을 주사 네 몸의 소생과 육축의 새끼와 토지의 소산

으로 많게 하시며 여호와께서 너를 위하여 하늘의 아름다운 보고를 열으사 네 땅에 때를 따라 비를 내리시고 네 손으로 하는 모든 일에 복을 주시리니 네가 많은 민족에게 꾸어줄지라도 너는 꾸지 아니할 것이요 여호와께서 너로 머리가 되고 꼬리가 되지 않게 하시며 위에만 있고 아래에 있지 않게 하시리니 오직 너는 내가 오늘날 네게 명하는 네 하나님 여호와의 명령을 듣고 지켜 행하며 내가 오늘날 너희에게 명하는 그 말씀을 떠나 좌로나 우로나 치우치지 아니하고 다른 신을 따라 섬기지 아니하면 이와 같으리라 (신 28:3-14)

모든 사람들은 마음으로 느끼는 것을 말로 표현하고 말로 표현하는 것을 행동하면서 살아갑니다. 이처럼 마음이 중요합니다. 그런데 마음은 하나님의 영향도 받고 마귀의 영향도 받습니다. 성령 충만하여 하나님께 마음이 붙잡힌 바 된 사람은 결국 말과 행동도 성령 충만하지만, 악한 것에 완전히 마음이 사로잡힌 사람은 말과 행동이 모두 악령 충만한 사람이 되고 맙니다.

술 취하지 말라 이는 방탕한 것이니 오직 성령의 충만을 받으라 (엡 5:18)

사도와 같이 모이사 저희에게 분부하여 가라사대 예루살렘을 떠나지 말고 내게 들은 바 아버지의 약속하신 것을 기다리라 요한은

물로 침례(세례)를 베풀었으나 너희는 몇 날이 못 되어 성령으로

침례(세례)를 받으리라 하셨느니라(행 1:4)

성령충만하여 마음과 말과 행동, 이 심언행이 성령충만하기 바랍니다.